Lehr- und Handbücher der Soziologie

Herausgegeben von Dr. Arno Mohr

Die Wissenschaftstheorie der Soziologie

Ein Grundriss

von
Prof. Dr. Gerhard Wagner
Goethe-Universität Frankfurt a.M.

Oldenbourg Verlag München

Bibliografische Information der Deutschen Nationalbibliothek

Die Deutsche Nationalbibliothek verzeichnet diese Publikation in der Deutschen Nationalbibliografie; detaillierte bibliografische Daten sind im Internet über http://dnb.d-nb.de abrufbar.

© 2012 Oldenbourg Wissenschaftsverlag GmbH
Rosenheimer Straße 145, D-81671 München
Telefon: (089) 45051-0
www.oldenbourg-verlag.de

Lektorat: Christiane Engel-Haas
Herstellung: Constanze Müller
Titelbild: thinkstockphotos.de
Einbandgestaltung: hauser lacour
Gesamtherstellung: Grafik + Druck GmbH, München

Dieses Papier ist alterungsbeständig nach DIN/ISO 9706.

ISBN   978-3-486-58685-5
eISBN   978-3-486-71495-1

Inhalt

1   Einleitung

Es ist üblich, die Wissenschaftstheorie in allgemeine Wissenschaftstheorie und in spezielle Wissenschaftstheorien einzuteilen. Die allgemeine Wissenschaftstheorie hat die logischen, mathematischen und philosophischen Grundlagen wissenschaftlicher Erkenntnis zu klären, auf denen alle Einzelwissenschaften aufbauen. Dazu gibt es eine Fülle aktueller Publikationen, die den Stand der Forschung dokumentieren (Balzer 2009; Bartels & Stöckler 2007; Carrier 2008; Chalmers 2006; Lauth & Sareiter 2005; Mittelstraß 2004; Poser 2001; Schurz 2008). Die speziellen Wissenschaftstheorien haben Gegenstand und Methode ihrer jeweiligen Einzelwissenschaft zu klären. Sie müssen spezifizieren, *was* zu erkennen ist und *wie* es zu erkennen ist. Folglich haben sie eine ontologische und eine epistemologische Dimension. Das gilt auch für die Wissenschaftstheorie der Soziologie.

Nun gibt es in der Soziologie zwar eine Fülle an wissenschaftstheoretischer Literatur, aber keine aktuellen Publikationen, die den diesbezüglichen Stand der Forschung dokumentieren. Das ist kein Zufall, denn im Unterschied zu anderen Einzelwissenschaften findet man in diesem Fach noch nicht einmal annähernd eine facheinheitliche Konzeption von Gegenstand und Methode, die man referierend vorstellen könnte. Was man findet, sind viele widersprüchliche Positionen (Braun 2008), die überblicksartig vorzustellen müßig wäre. Man würde damit nur einen Missstand dokumentieren, der offenbar für den Missstand des ganzen Fachs verantwortlich ist. „Es gibt in diesem Fach derzeit keinen Stand der Erkenntnis", lautete die öffentlichkeitswirksame Kritik anlässlich des Jubiläumskongresses, den die Deutsche Gesellschaft für Soziologie zur Feier ihres 100-jährigen Bestehens 2010 in Frankfurt am Main ausgerichtet hatte (Kaube 2010). Als wollten sie dieses vernichtende Urteil bestätigen, ließen kurz darauf Fachvertreter in einer Befragung durchblicken, dass es tatsächlich keinen „Konsens über das Grundwissen der Disziplin" gibt, was sich in erster Linie mit einer „fehlenden gemeinsamen wissenschaftstheoretischen Vororientierung im Fach" erklären lässt (Braun & Ganser 2011: 171).

Da die Soziologie offenbar wie ein Computer abgestürzt ist, muss diese Publikation zur Wissenschaftstheorie der Soziologie zwangsläufig mit einem Neustart beginnen, der auf die Begründung einer eigenen Position zielt. Diese Begründung kann sich nicht auf eine bestimmte Position in der Soziologie berufen, denn das hieße, eine

letztlich kontingente Entscheidung zu Lasten der vielen anderen Positionen zu treffen. Andererseits ist es unmöglich, allen Positionen in einer Weise Rechnung zu
tragen, die ihre Vertreter als angemessen betrachten würden. Eine konsensfähige
„ansatzübergreifende Konzeptebene" (Greshoff 2010: 7) wird sich nicht fachintern
entwickeln lassen, dafür ist das Stadium der „multiplen Paradigmatase" zu weit
fortgeschritten (Luhmann 2005: 58). Dieses Dilemma lässt sich nur mit Hilfe eines
externen Maßstabs überwinden, mit dem man die anschlussfähigen Positionen von
den nicht-anschlussfähigen trennen kann.

Diesen Maßstab gibt es durchaus. Pointiert formuliert, besteht er in der Herausforderung, die die Physik für die Einzelwissenschaften und damit auch für die Soziologie
darstellt. Den Prinzipen der kosmischen Evolution und der kausalen, nomologischen
und explanatorischen Vollständigkeit des physikalischen Bereichs zufolge kann der
Gegenstand der Soziologie nur eine weitere Ebene physikalischer Komplexität sein,
auf der Ursache/Wirkungs-Beziehungen und Gesetze nur dann möglich und metho-
disch fassbar sind, wenn man sie mit fundamentalen physikalischen Strukturen identifiziert und auf diese zurückführt. Nur diejenigen Theorien in der Soziologie, die
sich mit diesen Prinzipien und dem damit verbundenen ontologischen und epistemologischen Reduktionismus vereinbaren lassen, sind anschlussfähig und von daher
relevant für die Entwicklung einer konsensfähigen ansatzübergreifenden Konzeptebene, die als facheinheitliche wissenschaftstheoretische Position fungieren kann.

Der Einwand, dass es auch in der Physik alles andere als einheitlich zugehe und man
das Problem damit nur verschiebe, trägt nicht. Obwohl sie noch nicht integriert sind,
dienen die Allgemeine Relativitätstheorie und die Quantentheorie der Physik als
facheinheitliche Basis. Auch die Naturwissenschaften jenseits der Physik, von der
Chemie über die Biologie bis hin zu den Neurowissenschaften und der Psychologie,
basieren auf diesen fundamentalen und universellen Theorien der Physik, weil alles
Molekulare, Zelluläre, Organische und Mentale aus fundamentalen physikalischen
Strukturen entstanden und zusammengesetzt ist. Folglich setzen sich auch in der
Philosophie der Natur und in der Philosophie des Geistes, welche eine Gesamtsicht
der Natur und der mentalen Zustände des Menschen anstreben, Positionen durch, die
der Herausforderung der Physik entsprechen. Die Soziologie kann dies alles nur um
den Preis ignorieren, in die Esoterik abzudriften.

Um die Soziologie in dieses interdisziplinäre Gefüge einzubetten, ist eine Perspektive nötig, die insofern konkreter als die der allgemeinen Wissenschaftstheorie ist,
als sie die besonderen Gegenstände und Methoden der Einzelwissenschaften berücksichtigen muss. Andererseits ist sie insofern abstrakter als die Perspektiven der speziellen Wissenschaftstheorien, als sie den Zusammenhang dieser Gegenstände und
Methoden erfassen muss. Eine solche Perspektive scheint anachronistisch, steht
doch seit längerem fest, „daß die Wissenschaft in ein Stadium der Spezialisierung

eingetreten ist, wie es früher unbekannt war, und daß dies in alle Zukunft so bleiben wird" (Weber 1982: 588). Darüber darf allerdings nicht vergessen werden, dass jede Spezialisierung (auch die der allgemeinen Wissenschaftstheorie) eine Schattenseite hat, denn die Konzentration auf einen Teil lässt das Ganze stets aus dem Blick verschwinden, wie Auguste Comte am Phänomen der Arbeitsteilung erläuterte:

> „Aus dieser standhaft vorschreitenden Specialisation geht nämlich nothwendig hervor, daß jedes Individuum und jedes Volk, sich allmälig unter einen immer beschränkteren Gesichtspunkt stellt, und von einem je mehr und mehr gesonderten Interesse belebt wird. [...] Dem zufolge wird Jeder, Mensch oder Volk, je mehr und mehr unfähig, durch den eigenen Verstand die Beziehung seiner speciellen Thätigkeit zu dem Ganzen der gesellschaftlichen Thätigkeit, die sich zugleich immer mehr verwickelt, zu fassen; und auf der anderen Seite fühlt Jeder sich, je mehr und mehr, geneigt, seine besondere Angelegenheit von der gemeinschaftlichen zu trennen, welche gerade deswegen von Tag zu Tage weniger empfunden wird" (Comte 1975: 345–346).

Jede Spezialisierung braucht also ein Korrektiv, das man hinsichtlich der Wissenschaften seit den Tagen Comtes in einer besonderen Funktion der Philosophie erkennt, die darin besteht, die Teile im Rahmen eines Ganzen zu sehen: „the specialist knows his way around in his own neighborhood, as his neighborhood, but doesn't know his way around in it in the same way *as a part of the landscape as a whole*" (Sellars 1962: 40). Diese Perspektive erzwingt eine Balance zwischen Konkretion und Abstraktion: „The aim [...] is to understand how things in the broadest possible sense of the term hang together in the broadest possible sense of the term (Sellars 1962: 37).

Die vorliegende Publikation zur Wissenschaftstheorie der Soziologie nimmt diese Perspektive ein. Das bedeutet, dass die relevanten Theorien sowohl der Soziologie als auch der Einzelwissenschaften nur insoweit berücksichtigt werden, als es für die Klärung ihrer Position in dem genannten interdisziplinären Gefüge erforderlich ist. Dasselbe gilt für die relevanten Konzepte der allgemeinen Wissenschaftstheorie, die in hochspezialisierten Diskursen oftmals über Jahrzehnte hinweg verhandelt werden. Wollte man diese Komplexität abbilden, würde diese Publikation – wenn überhaupt – erst in Jahrzehnten erscheinen und mehrere tausend Seiten umfassen. Angesichts des desolaten Zustands der Soziologie sollte es vertretbar sein, mit einem Grundriss zu beginnen und die detaillierte Ausarbeitung dieser Position weiteren Studien vorzubehalten. Das Ziel dieser Publikation ist denn auch ein heuristisches, nämlich einen solchen Grundriss vorzulegen. Nicht mehr, aber auch nicht weniger ...

In diese Publikation sind Vorstudien eingeflossen, deren Ergebnisse teilweise bereits publiziert wurden oder zeitgleich in englischer Sprache publiziert werden (Wagner

2008; 2010; 2012a; 2012b). Für die Belange dieser Publikation wurden sie aktualisiert und integriert. Für vielfältige Unterstützung danke ich Stefan Bretfeld, Michael Esfeld, Peter Gostmann, Steffen Hartmann, Claudius Härpfer, Tom Kaden, Klaus Lichtblau, Peter-Ulrich Merz-Benz, Guy Oakes, Susanne Stübig, Eduard Szekeres, Dirk Tänzler, Kebrom Teklemikael, Hubert Treiber, Ruben Wagner und Angelika Zahn sowie für das Lektorat Christiane Engel-Haas.

2 Soziologie als soziale Physik

Von der Metapher zur Metonymie

Welche Positionen in der Soziologie sind für die Wissenschaftstheorie der Soziologie relevant? Das sind zunächst einmal diejenigen, die konzeptuelle Affinitäten mit der Physik aufweisen. Damit ist erstens die Position gemeint, die Georg Simmel in der Einleitung „Zur Erkenntnistheorie der Socialwissenschaft" seines Buchs *Über sociale Differenzierung* von 1890 entwickelt hat und die bis in sein Buch *Soziologie* von 1908 hinein erkennbar ist, wenngleich verwässert (Simmel 1989; 1992). Zweitens ist die Position gemeint, die Pierre Bourdieu seit den 1960er Jahren in zahlreichen empirischen Studien entwickelt hat, allerdings ohne sie auf einen theoretischen Nenner zu bringen (Bourdieu 1974; 2004).

Tatsächlich stellte Simmel den Begriff der Wechselwirkung, mit dem die Physik seit Isaac Newton die Gravitationskräfte spezifizierte, ins Zentrum seiner Soziologie: „Ich gehe dabei von der weitesten, den Streit um Definitionen möglichst vermeidenden Vorstellung der Gesellschaft aus: daß sie da existiert, wo mehrere Individuen in Wechselwirkung treten" (Simmel 1992: 17). Nachdem die Physik am Beispiel elektrischer und magnetischer Felder erkannt hatte, dass Wechselwirkungen durch Kraftfelder mitbestimmt werden, tauchte auch dieser Begriff in der Soziologie auf. So teilte Bourdieu die Gesellschaft in *„Kräftefelder"* ein, von denen jedes „nach Art eines magnetischen Feldes ein System von Kraftlinien" bilden soll (Bourdieu 1974: 76).

Nun drängt sich freilich sofort der Einwand auf, dass man allenfalls eine an die schöne Literatur (Houellebecq 2006; Dilmac 2008) erinnernde Metapher erzeugt, wenn man von Individuen als den in „Wechselwirkung" tretenden „Atomen der Gesellschaft" bzw. als den „Partikeln in einem Kräftefeld" spricht (Simmel 1992: 33; Bourdieu 2001a: 29). Mit diesem Einwand greift man jedoch zu kurz.

Mit einer Metapher stellt man eine Beziehung zwischen zwei Phänomenen her, die man in einer bestimmten Hinsicht für ähnlich hält, die aber in keinem faktischen Zusammenhang stehen (Günther 1979: 22–24). Eine solche gedachte Beziehung nicht benachbarter Similarität bringt man z. B. mit der Aussage „Achill ist ein Löwe" zum Ausdruck, mit der man dem Krieger die Wildheit eines Raubtiers zuschreibt. Simmel ging jedoch expressis verbis davon aus, dass Individuen und Atome in einem faktischen Zusammenhang stehen. Deshalb brachte er keine gedachte Bezie-hung nicht benachbarter Similarität zum Ausdruck, als er von Individuen als den in Wechselwirkung tretenden Atomen der Gesellschaft sprach, sondern vielmehr eine reale Beziehung der Kontiguität. Kontiguität liegt vor, wenn zwei Phänomene raum-zeitlich benachbart sind, oder wenn das Eine die Ursache des Anderen ist, oder wenn dieses aus jenem hervorgeht, etc. Ebenso wie Similarität der Metapher liegt Konti-guität der Metonymie zugrunde (Günther 1979: 26–27).

Mit Metaphern und Metonymien verfolgt man verschiedene „*Konzeptionen*" (Lakoff & Johnson 2004: 47, 46–52). Während man mit der Metapher ein Phänomen im Lichte eines anderen, hinzugedachten Phänomens verstehen und erfahren kann – so dass sich die Metapher sogar zur Grundlage eines Erklärungsmodells machen lässt (Hesse 1980; Rentetzi 2005) –, kann man mit der Metonymie ein Phänomen auf ein anderes Phänomen beziehen, das faktisch mit ihm zusammenhängt. Daher steht in einer Metonymie *ein* Phänomen für ein *anderes*, z. B. das Objekt für den Benutzer („die *Busse* streiken" – statt die *Busfahrer*), oder der Erzeuger für das Produkt („einen *Picasso* aufhängen" – statt eines *Kunstwerks*), oder ein Teil für das Ganze („Harvard hat die besten *Köpfe*" – statt *Forscher*), etc.

Im Sinne einer solchen metonymischen Beziehung von Teil und Ganzem ist auch Simmels Formulierung von den „Wechselwirkungen zwischen den Atomen der Ge-sellschaft" gemeint (Simmel 1992: 33). Hier stehen *Atome* für *Individuen*, weil sich für Simmel jedes Individuum als ein Ganzes aus „punktuellen Atomen" als seinen letzten Teilen zusammensetzt (Simmel 1989: 128). Diese Atome bilden durch Wech-selwirkung die „chemischen Urbestandteile", die ihrerseits durch Wechselwirkung die „Zellen" bilden, die wiederum durch Wechselwirkung den menschlichen „Orga-nismus" konstituieren, zu dem auch „psychische Erscheinungen" wie „Gedanken" „Vorstellungen" und „Überzeugungen" gehören (Simmel 1989: 127–128).

Wechselwirkungen

Dabei benutzte Simmel auch den Wechselwirkungsbegriff nicht metaphorisch. Dass dieser Begriff auf physikalische Kräfte referiert, war ihm von Anfang an bewusst (Simmel 1881: 31). Zeitgenössischen Theorien der Physik entsprechend (Fechner 1828; 1982; Helmholtz 1847; 1871; Böhringer 1976; Sparenberg 2010), konnte er ihn von der Makroebene der Himmelskörper auf die Mikroebene der Atome übertra-gen und neben der Gravitation auch andere Naturkräfte wie den Elektromagnetismus mit ihm assoziieren. So konnte er in einem *physikalischen* Sinne behaupten, dass „Alles mit Allem in irgend einer Wechselwirkung steht", eine Behauptung, die er als „regulatives Weltprinzip" betrachtete, demzufolge „zwischen jedem Punkte der Welt und jedem andern Kräfte und hin- und hergehende Beziehungen bestehen" (Simmel 1989: 130).

Folglich benutzte er den Wechselwirkungsbegriff nicht nur mit Blick auf den menschlichen Organismus und dessen psychische Erscheinungen, sondern auch hinsichtlich der Beziehungen zwischen den Menschen:

„Ist der Mensch das höchste Gebilde, zu dem die natürliche Entwickelung sich aufgipfelt, so ist er dies doch nur dadurch, daß ein Maximum verschiedenartiger Kräfte sich in ihm gehäuft hat, die durch gegenseitige Modifizierung, Ausgleichung und Auslese eben diesen Mikrokosmos zustande brachten [...]. Ist nun schon das menschliche Einzelwesen mit einer fast unübersehbaren Fülle latenter und wirkender Kräfte ausgestattet, so muß die Komplikation da noch eine viel größere werden, wo gegenseitige Wirkungen solcher Wesen auf einander vorliegen" (Simmel 1989: 118).

Diese Wechselwirkungen vollziehen sich im menschlichen Handeln, d. h. in beabsichtigten Körperbewegungen, die Simmel zufolge durch Motive (Inhalte) verursacht werden und regelmäßigen Abläufen (Formen) folgen (Simmel 1992: 17–19).

Ebensowenig wie der Mensch ist die Gesellschaft für Simmel „ein Wesen, das mit all seinen Eigenschaften fertig ausgestattet in die Welt trat", sondern eine „entwicklungsgeschichtlich" entstandene „Einheit aus Einheiten", die in nichts anderem besteht als in der „Summe" der Wechselwirkungen ihrer Teile (Simmel 1989: 127, 131). Mit dieser ontologischen Bestimmung des Gegenstands der Soziologie wandte er sich gegen die im 19. Jahrhundert verbreiteten romantischen und idealistischen Theorien, die der Gesellschaft eine eigene Realität jenseits der Menschen und ihrer Wechselwirkungen zuschrieben. Wenn er gegen diese Theorien die „Auflösung" der Gesellschaft in die „Summe der Wechselwirkungen ihrer Teilhaber" forderte, dann entsprach dies seines Erachtens der „Zurückführung" des Menschen auf die Summe der Wechselwirkungen seiner letztlich „atomistischen Bestandteile" (Simmel 1989: 128–130). Dies meinte er nicht nur in ontologischer, sondern auch in epistemologischer Hinsicht, denn seine Forderung lag seines Erachtens „in der Richtung des modernen Geisteslebens überhaupt: das Feste, sich selbst Gleiche, Substantielle in Funktion, Kraft, Bewegung aufzulösen" (Simmel 1989: 130).

Wie man sieht, ist für Simmel die Gesellschaft als der Gegenstand der Soziologie tatsächlich eine in der kosmischen Evolution entstandene weitere Ebene physikalischer Komplexität, die ontologisch an die Menschen und ihre Wechselwirkungen zurückgebunden bleibt, während sie epistemologisch auf eine entsprechende reduktionistische Methode verweist. Dass Simmels Kenntnisse der physikalischen Zusammenhänge rudimentär waren und er den Übergang von der klassischen zur Quantenphysik nicht mehr mitvollziehen konnte, spricht keineswegs gegen die Anschlussfähigkeit seiner Position.

Kraftfelder

Obwohl sich Bourdieu weit weniger als Simmel mit ontologischen Fragen beschäftigt hat, sind seine Konzepte ebensowenig in metaphorischem Sinne zu verstehen. Bourdieu bediente sich der Begriffsgeschichte (Canguilhem 2008), um darauf aufmerksam zu machen, dass sein Feldbegriff ein Synonym eines anderen Begriffs ist, der in der Soziologie von Anfang an in Gebrauch war und sogar dieselbe Quelle hatte. In diesem Sinne ist sein Hinweis zu verstehen, ein Feld sei „ein regelrechtes *Milieu* im Sinne Newtons" (Bourdieu 2001a: 29).

Tatsächlich ist der Begriff „*milieu*" die französische Übersetzung von Newtons Begriff „*medium*" (Spitzer 1942/43: 172). Dieser Begriff hatte bei Newton zwei Bedeutungen. Zum einen sprach Newton von einem „*aetherial medium*" (Spitzer 1942/43: 37–38). Damit wollte er die Annahme eines Äthers plausibel machen, der seines Erachtens die Ausbreitung des Lichts und die Fernwirkung der Gravitationskräfte zwischen den Himmelskörpern ermöglicht. Zum anderen sprach er von einem „*ambient medium*", dessen Bedeutung in bloßer Kontiguität liegt, „used for the practical purpose of emphasizing the immediately surrounding element of any given substance" (Spitzer 1942/43: 40).

In diesem ambienten Sinne sollte der Begriff Milieu Karriere machen, allerdings nicht in der Physik, sondern in der Biologie und Soziologie (Spitzer 1942/43: 173). Da man es in diesen Fächern mit lebenden Körpern zu tun hatte, musste die Umgebung als etwas erscheinen, von dem die Organismen abhängig sind (Spitzer 1942/43: 175). Dieses Abhängigkeitsverhältnis konnte man mehr oder weniger harmonisch konzipieren (Spitzer 1942/43: 177). Während Comte betonte, dass das Milieu den Organismus schützend und unterstützend umgibt (Comte 1838: 289–296), hob Honoré de Balzac, der den Begriff auf die Gesellschaft übertrug, das Bedingende und Bestimmende hervor: „Formt nicht auch die Gesellschaft aus dem Menschen je nach der Umwelt, nach den Milieus, in denen er sich handelnd entfaltet, ebensoviele verschiedenartige Menschen, wie es in der Zoologie Spezies gibt?" (Balzac 1977: 256). In diesem bestimmenden Sinne setzte sich Ende des 19. Jahrhunderts die Vorstellung ambienter Milieus in der Soziologie fest. So lesen wir z. B. bei Emile Durkheim: „Der immerwährende Druck, den das Kind erleidet, ist der Druck des sozialen Milieus selbst, das es nach seinem Vorbilde zu formen strebt" (Durkheim 1984: 109). Dieser Druck ist in der Eigenschaft der Zwanghaftigkeit aufgehoben, die für Durkheim einen „soziologischen Tatbestand" (eigentlich fait social: soziale Tatsache) maßgeblich charakterisiert (Durkheim 1984: 114).

Durkheim kannte aber auch die andere, ätherische Bedeutung des Begriffs: „Wir wissen nicht, was ein schwereloses materielles Milieu ist, wir können uns keinerlei Begriff davon machen; und doch ist die Hypothese eines solchen Milieus notwendig, will man der Ausbreitung der Lichtwellen Rechnung tragen" (Durkheim 1976: 65). Allein, die Physik war zu dieser Zeit mit Nachdruck dabei, sich einen solchen Begriff zu machen, indem sie in der Folge von James Clerk Maxwells Studien zum Elektromagnetismus das, was Newton mit dem Begriff *aetherial medium* gemeint hatte, als Kraftfeld konzipierte (Einstein & Infeld 2004: 147–153, 153–156, 175). Als einer Kraft ausübenden Realität kam diesem Milieu nunmehr ebenfalls der sich in der Eigenschaft der Zwanghaftigkeit konzentrierende bestimmende Sinn zu, den man in der Soziologie den ambienten Milieus der Menschen zuschrieb.

Bourdieu brauchte nur den nächsten logischen Schritt zu tun und die Vorstellung des Bestimmenden in der soziologischen Milieutheorie, deren physikalistische Anleihen sich im Druckbegriff ja selbst offenbarten, in eine dem Fortschritt der Physik entsprechende Feldtheorie zu überführen. Dadurch wird aus einem ambienten Milieu ein mit Kraftlinien durchzogener Raum, der von handelnden Menschen hervorgebracht wird und an sie zurückgebunden bleibt:

"The agents [...] create, through their relationships, the very space that determines them, although it only exists through the agents placed in it, who, to use the language of physics, 'distort the space in their neighbourhood', conferring a certain structure upon it. It is in the relationship between the various agents (conceived as 'field sources') that the field and the relations of force that characterize it are generated" (Bourdieu 2004: 33).

Diese Feldtheorie Bourdieus stellt eine systematische Ergänzung der Position Simmels dar. Mit ihr lässt sich begründen, warum die sich im Handeln vollziehenden Wechselwirkungen zwischen Menschen in bestimmten Formen ablaufen. Nichts anderes hatten schließlich auch Balzac und Durkheim gemeint, als sie behaupteten, dass die Milieus die Menschen, die sich handelnd in ihnen entfalten, nach ihrem Vorbilde formen. Obwohl aktueller, sind Bourdieus Kenntnisse der physikalischen Zusammenhänge ähnlich rudimentär wie die Simmels. Leider hat Bourdieu auch die von Kurt Lewin in Auseinandersetzung mit der Physik entwickelte Theorie eines „psychologischen Feldes", auf die er gelegentlich hinwies, nicht eingehender rezipiert, was aber ebensowenig gegen die Anschlussfähigkeit seiner Position spricht (Lewin 1963, Bourdieu & Wacquant 2006: 126).

Zur Erfindung einer Tradition

Anschlussfähig sind auch weitere Positionen in der Soziologie, bei denen die konzeptuellen Affinitäten mit der Physik weniger evident sind. Das ist zunächst die späte Theorie von Max Weber (nach seiner Wende vom neukantianischen Geschichts- und Kulturwissenschaftler zum verstehenden Soziologen), mit der die Theorien Simmels und Bourdieus zusammengeführt und präzisiert werden können.

Das ist sodann die frühe Theorie von Niklas Luhmann (vor seiner Wende vom funktionalistischen Soziologen zum allgemeinen Systemtheoretiker). Im Grunde genügen diese Positionen, um eine der Herausforderung der Physik entsprechende konsensfähige ansatzübergreifende Konzeptebene zu entwickeln, die man als facheinheitliche wissenschaftstheoretische Position benutzen kann. Simmel, Bourdieu, Weber und Luhmann genießen als sogenannte Klassiker eine hohe Akzeptanz in der Soziologie (Barlösius 2004), was sich als Kredit auf einen Konsens in Anspruch nehmen lässt. Zudem sind sie von einer ganzen Reihe anderer Positionen fortgeführt worden, deren Anschlussfähigkeit mithin als einigermaßen wahrscheinlich vorausgesetzt werden darf. So z. B. der Behaviorismus (Homans 1961; 1964), der methodologische Individualismus (Agassi 1960; Dore 1961; Udéhn 2001), die Figurationssoziologie (Elias 2003; 2009), die Theorie rationaler Wahl (Coleman 1991–1994; Esser 1993; 1999–2001), die Netzwerktheorie (Carrington et al. 2005; Watts 2004; Scott & Carrington 2011; Stegbauer 2008; Stegbauer & Häußling 2010; White 1992) und die relationale Soziologie (Emirbayer 1997; Häußling 2010; Mische 2011; Mützel & Fuhse 2010), zwischen denen es auch zahlreiche Beziehungen gibt, wobei sich die Netzwerktheorie mehr und mehr zur gemeinsamen Plattform und Drehscheibe entwickelt (Bernhard 2008; Fuhse 2006; Häußling 2008; Hollstein 2008; Willems 2010). Diese Positionen sind in dem Maße anschlussfähig, in dem sie „mikrofundiert" bleiben (Little 1998; Schmid 2006; 2009), d. h. keine Annahmen starker Emergenz machen (Greve 2011; Hoyningen-Huene 2011).

Tatsächlich ist es gerechtfertigt, in unserem Zusammenhang von einem „Neustart" zu sprechen. Was man Simmel neuerdings zuschreibt, nämlich eine „soziale Physik" betrieben zu haben (Sparenberg 2010), reklamierte Bourdieu in einer Studie über das Feld der Wissenschaft für sich selbst:

> "I put forward the idea that the scientific field, like other fields, is a structured field of forces, and also a field of struggles to conserve or transform this field of forces. The first part of the definition (a field of forces) corresponds to the physicalist stage of sociology conceived as a social physics" (Bourdieu 2004: 33).

Damit erinnerte Bourdieu an den Anfang der Soziologie im 19. Jahrhundert. Comte hatte der neuen Wissenschaft, die er 1822 begründete, ursprünglich den Namen „soziale Physik" geben wollen, weil sie eine „besondere Art der Physik" sein sollte (Comte 1973: 146). Sie sollte nämlich die „Gesetze" der Gesellschaft erkennen, so wie die Physik seit Newton die Gesetze der Natur erkannte, allen voran das „Gesetz der allgemeinen Gravitation" (Comte 1973: 146, 150). Nun hatte aber 1835 Adolphe Quetelet die Idee, seine Sozialstatistik ebenfalls als „soziale Physik" zu bezeichnen, weil auch er die „Gesetze" der Gesellschaft erkennen wollte (Quetelet 1914: Kap. VII–VIII). Im Glauben, dass die Gesetze der Gesellschaft nicht nur mit einer gewis-

sen Wahrscheinlichkeit, sondern mit absoluter Notwendigkeit gelten, fühlte sich
Comte 1839 bemüßigt klarzustellen, dass *er* das Wort *„soziale Physik"* geprägt hatte
und dass er es nunmehr, nachdem es durch Quetelets Aneignung „verdorben" worden sei, durch das neue Wort „Soziologie" ersetzen wolle, das dem bereits einge-
führten Wort soziale Physik „völlig gleichkommt" (Comte 1907a: 5, 184).

Während Comte seine Position mit geschichtsphilosophischen Spekulationen dis-
kreditierte, wurde Quetelets Position breit rezipiert, nicht nur in dem sich nunmehr
Soziologie nennenden neuen Fach, sondern auch in der Physik. So benutzte Maxwell Quetelets Sozialstatistik, um das Verhalten von Atomen zu erklären (Porter
1981; 1986: 111–128). Die Physik übernahm die Statistik in ihr Methodenrepertoire,
bemerkenswerterweise ohne darüber die Analogie zur Gesellschaft zu vergessen,
woran auch der Übergang von der klassischen zur Quantenphysik nichts änderte
(Einstein & Infeld 2004: 266). Auf diesen Import folgte in jüngster Zeit der Export.
Philip Ball hat vorgeschlagen, durch Einsatz der „statistical physics" bei der Analyse
sozialer Phänomene eine „physics of society" zu begründen (Ball 2002; 2003; 2005:
135).

Comte wurde allerdings nicht ganz vergessen. So hat John Urry unter Berufung auf
„Auguste Comte" in einem „manifesto for a new social physics" dafür plädiert, dass
sich die Soziologie Physikern wie Albert-Lázló Barabási (2002) und Duncan J.
Watts (1999; 2003) anschließen soll, die mit ihren Netzwerktheorien auch soziale
Phänomene analysieren (Urry 2004: 109, 111; Crossley 2005; Scott 2011). Urrys
Manifest hat sachlich im Grunde nichts mit Comtes eigener Position zu tun, sondern
passt eher zu Balls „physics of society", die sich auf dieselben Physiker bezieht
(Ball 2005: 443–504). Erwähnenswert ist es gleichwohl, weil es ebenso wie Bourdieus zeitgleicher Hinweis offensichtlich der „Erfindung von Tradition" (Hobsbawn
1983) dienen soll, und zwar einer Tradition, die mit dem Fortschritt der Wissenschaften vereinbar ist.

Urry wollte mit seinem Manifest der Gulbenkian-Kommission zur Neustrukturierung der Sozialwissenschaften folgen. Diese renommierte, interdisziplinär besetzte
Kommission hatte konstatiert, dass sich die „strenge Unterscheidung" zwischen
Sozial- und Naturwissenschaften mehr und mehr aufweicht, und empfohlen, dass
sich die Sozial- den Naturwissenschaften gegenüber öffnen (Wallerstein et al. 1996:
67, 83; Castellani & Hafferty 2009). Tatsächlich konnte sich die Soziologie nur darum
in ihrer „Schrebergartenwelt" (Greshoff 2010: 10; Schmid 2009: 209) einrichten,
weil sie Erkenntnisse der „Nachbardisziplinen" im Regelfall „entweder gar nicht zur
Kenntnis genommen oder einfach als irrelevant abgetan" hat (Braun 2008: 376). Aus
diesem Grunde konnte sie auch in Bourdieus Feldbegriff nur eine weitere Bezeichnung für gesellschaftliche Teilbereiche und in Simmels Wechselwirkungsbegriff

lediglich ein Synonym für Interaktion im Sinne sozialen Handelns erkennen, von den anderen Schnittstellen zur Physik, die es in der Soziologie gibt, zu schweigen. Dazu zählt nicht zuletzt auch das sogenannte „enzyklopädische Gesetz" (Comte 1974: 28), mit dem Comte die Wissenschaften dem Komplexitätsgrad ihres Gegenstands entsprechend in einen gemeinsamen Rahmen integrierte. Die neue Wissenschaft, die er gründete, nannte er auch deshalb soziale *Physik*, weil sie sich seines Erachtens ohne die Erkenntnis der Natur des Menschen, die die Psychologie, Biologie, Chemie und Physik gewinnen, nicht betreiben lässt.

3 Die ontologische Dimension

3.1 Die fundamentale physikalische Ebene

Von der Substanz zur Relation

Mit seiner Behauptung, dass sich alles, was es gibt, letztlich aus punktuellen Atomen zusammensetzt, scheint Simmel einen Atomismus vertreten zu haben. Mit dieser Bezeichnung wird man seiner Position aber nicht gerecht. Einen Atomismus vertritt man nicht schon, wenn man annimmt, dass ein Ganzes letzte Teile hat, sondern erst, wenn man behauptet, dass diese letzten Teile sämtliche Eigenschaften unabhängig voneinander haben und dass diese Eigenschaften festlegen, ob und welche Relationen zwischen den Teilen bestehen (Esfeld 2002: 19–20; 2003: 9–10). Solche Eigenschaften sind innere bzw. intrinsische Eigenschaften (Esfeld 2011a: 15; Langton & Lewis 1998). Das sind Eigenschaften, die ein System als im weitesten Sinne etwas, von dem Eigenschaften ausgesagt werden können, unabhängig davon haben kann, ob es andere Systeme gibt oder nicht. Um diese Eigenschaften beschreiben zu können, ist daher auch keine Bezugnahme auf andere Systeme erforderlich.

Die Annahme, dass ein System ausschließlich intrinsische Eigenschaften hat, impliziert einen Substanzialismus, d. h. die Behauptung von etwas Seiendem, das unabhängig von allem anderen für sich existiert (Esfeld 2011a: 24). Ein Substanzialismus, für den die Welt letztlich aus einer Vielzahl unabhängiger Systeme mit intrinsischen Eigenschaften besteht, war in unterschiedlichster Form bis ins 19. Jahrhundert herrschende Meinung im abendländischen Denken. Dann kam es zu einem epochalen Wandel, der mit dem Übergang der bürgerlich-liberalen Gesellschaft zur massendemokratischen Gesellschaft zusammen fiel (Kondylis 1991). Dieser Wandel vollzog sich in der Philosophie und in den Wissenschaften ebenso wie in der Kunst als Ablösung des Substanzdenkens durch ein Funktionsdenken, das den Blick auf Relationen bzw. Funktionen richtete. Im Fortschritt der klassischen Physik zur Quantenphysik sollte dieses neue Denken seine Bestätigung und radikalste Formulierung finden (Kondylis 1991: 159–166).

Es ist bezeichnend, dass Simmel und Bourdieu just an den Stellen ihrer Studien, an denen sie die aus der Physik stammenden Begriffe Wechselwirkung und Feld explizierten, auf diesen Wandel zu sprechen kamen. Simmel wollte das Substanzdenken überwinden, indem er dem „modernen Relativismus" entsprechend dafür plädierte, das „Einzelne und Substanzielle in Wechselwirkungen" aufzulösen (Simmel 1992: 14; 1989: 130). Das bedeutet, dass er auch die Eigenschaften der punktuellen Atome nicht als intrinsische, sondern als relationale bzw. funktionale verstanden wissen wollte. Dafür spricht Hannes Böhringers Interpretation der Atomenlehre Fechners, auf die sich Simmel bezog. Für Böhringer sind Fechners punktuelle Atome an sich „eigenschaftslos" (Böhringer 1976: 106, 110; Köhnke 1996: 45–47). Diesen Zusammenhang wird die Wissenschaftsgeschichtsschreibung zu klären haben (Heidelberger 1993; Ikeda 2007). Simmel jedenfalls inspirierte Ernst Cassirers Studie *Substanzbegriff und Funktionsbegriff* (Cassirer 2000; Freudenthal 2002), die wiederum Bourdieu inspirierte, der ebenfalls forderte, nicht „substantialistisch", sondern „relational" zu denken (Bourdieu & Wacquant 2006: 262, 126; Bourdieu 2001a: 289–290). Diesem „neuen wissenschaftlichen Geist" (Bourdieu 2001a: 284) wollte er mit dem Feldbegriff Rechnung tragen:

> „Der Feldbegriff erinnert uns an die erste Regel der Methode, daß nämlich jene erste Neigung, die soziale Welt realistisch zu denken, oder *substantialistisch*, um mit Cassirer zu reden (siehe *Substanzbegriff und Funktionsbegriff*) mit allem Mitteln zu bekämpfen ist: Man muß *relational* denken" (Bourdieu & Wacquant 2006: 262).

Die Quantenphysik hat die Ablösung des Substanzdenkens durch ein Denken in Relationen bzw. Funktionen insofern legitimiert, als sie bezüglich *der letzten Teile eines jeden Ganzen* nachgewiesen hat, dass diese fundamentalen physikalischen Systeme (Elektronen, Protonen, Neutronen, Photonen, Quarks, Atome, etc.) nicht nur intrinsische, sondern auch relationale Eigenschaften haben, die durch fundamentale physikalische Relationen festgelegt werden. Tatsächlich sind es nicht die intrinsischen, sondern die relationalen Eigenschaften, die die Zustände solcher Systeme bestimmen.

In der folgenden Darstellung der fundamentalen physikalischen Ebene beziehe ich mich auf die Naturphilosophie von Michael Esfeld, die auf Basis des aktuellen Kenntnisstands der Physik (Quantenphysik und Allgemeine Relativitätstheorie) entwickelt wurde (Dorato & Esfeld 2010; Esfeld 2002: Kap. 1, 7–8; 2003; 2007a; 2008a: Kap. 2–5; 2008b; 2009; 2010; 2011a: Kap. IV–VI; 2011b; Esfeld & Lam 2008; Esfeld & Sachse 2010: Kap. 2).

Fundamentale physikalische Relationen, Holismus und Strukturenrealismus

Für die klassische Physik ist jede Eigenschaft eines physikalischen Systems von allen anderen Eigenschaften dieses Systems unabhängig. Jede Eigenschaft hat zu jedem Zeitpunkt einen definiten numerischen Wert. Das gilt sowohl für zeitunabhängige Eigenschaften wie Masse und Ladung, deren Werte sich während der Existenz des Systems nicht ändern können, als auch für zeitabhängige Eigenschaften wie Ort und Geschwindigkeit, deren Werte sich ändern können und den jeweiligen Zustand des Systems zu einem Zeitpunkt anzeigen. Auch wenn eine Eigenschaft mehrere mögliche Werte annehmen kann, ist ein System immer in einem Zustand, in dem es genau einen dieser Werte als definiten numerischen Wert hat, während alle anderen Werte ausgeschlossen sind. Dieser definite numerische Wert, den eine Eigenschaft zu einem Zeitpunkt hat, legt den Werten, die die anderen Eigenschaften zu diesem Zeitpunkt haben können, keinerlei Beschränkung auf. So ist z. B. jeder Wert des Orts mit jedem Wert des Impulses (= Produkt von Masse und Geschwindigkeit) kompatibel. Ein System ist daher auch zu jedem Zeitpunkt seiner Existenz an einem Ort lokalisiert, an dem zum selben Zeitpunkt kein anderes System sein kann.

Demgegenüber hat die Quantenphysik gezeigt, dass zeitabhängige Eigenschaften eines jeden fundamentalen physikalischen Systems insofern voneinander abhängen, als ihre Werte inkompatibel sind. Das gilt z. B. für die Eigenschaften Ort und Impuls. Je mehr sich bei einem System der Wert des Orts einem definiten numerischen Wert nähert, desto unbestimmter wird der Wert des Impulses. Und je mehr sich der Wert des Impulses einem definiten numerischen Wert nähert, desto unbestimmter wird der Wert des Orts. Diese wechselseitige Abhängigkeit, die man als Heisenbergsche Unbestimmtheitsrelation bezeichnet (Heisenberg 1927), führt dazu, dass ein System in einem Zustand ist, in dem es weder einen definiten numerischen Wert des Orts noch einen definiten numerischen Wert des Impulses hat. Statt definitiver numerischer Werte liegen Werteverteilungen vor, die miteinander korrelieren. Das System ist in einem Zustand der Überlagerung (Superposition) von Korrelationen zwischen den möglichen Werten, die die Eigenschaft des Orts und die Eigenschaft des Impulses annehmen können. Daher ist ein solches System normalerweise auch nicht lokalisiert.

Wie sich zudem gezeigt hat, gibt es Abhängigkeiten zwischen zeitabhängigen Eigenschaften nicht nur hinsichtlich *eines* fundamentalen physikalischen Systems, sondern auch hinsichtlich *zweier oder mehrerer* solcher Systeme. Sofern jedes System mindestens zwei inkompatible Eigenschaften hat, hängen die Eigenschaften desselben Typs der Systeme voneinander ab. Nun korreliert die Werteverteilung des Orts eines jeden Systems mit den Werteverteilungen der Orte der anderen Systeme. Und die Werteverteilung des Impulses eines jeden Systems korreliert mit den Werteverteilungen der Impulse der anderen Systeme. Durch diese Korrelationen, die man als Einstein-Podolsky-Rosen-Korrelationen bezeichnet (Einstein et al. 1935), sind die Zustände von Systemen verschränkt. Die Systeme sind Teile eines Ganzen. Dieses Ganze ist als Gesamtsystem in einem Zustand der Überlagerung (Superposition) von Einstein-Podolsky-Rosen-Korrelationen zwischen jenen möglichen Werten, die die Eigenschaften der Teilsysteme annehmen können.

Die fundamentale physikalische Ebene ist durch Zustandsverschränkungen von Systemen im Sinne der Einstein-Podolsky-Rosen-Korrelationen charakterisiert. Allein, wenn die Zustände von Systemen verschränkt sind, dann haben die Systeme zeitabhängige Eigenschaften nicht separat für sich, sondern nur zusammen, und zwar insofern, als es Eigenschaften des Gesamtsystems gibt, die anzeigen, wie die Teilsysteme hinsichtlich dieser Eigenschaften verbunden sind. So zeigt die Eigenschaft des relativen Abstands an, wie die Teilsysteme hinsichtlich des Orts verbunden sind, und die Eigenschaft des Gesamtimpulses zeigt an, wie die Teilsysteme hinsichtlich des Impulses verbunden sind. Diese Anzeigen sind möglich, weil die Eigenschaften des Gesamtsystems die Korrelationen zwischen den Werteverteilungen der jeweiligen Eigenschaften der Teilsysteme enthalten.

Daraus folgt, dass die zeitabhängigen Eigenschaften fundamentaler physikalischer Systeme keine intrinsischen Eigenschaften sind. Diese Erkenntnis ist auf Basis des Bell-Theorems durch Experimente empirisch belegt worden (Bell 1964; Aspect et al. 1982; Aspect & Grangier 1985). Während die zeitunabhängigen Eigenschaften fundamentaler physikalischer Systeme wie Masse und Ladung insofern intrinsische Eigenschaften sind, als sie jedes System unabhängig davon haben kann, ob es andere Systeme gibt oder nicht, sind die zeitabhängigen Eigenschaften solcher Systeme insofern relationale Eigenschaften, als sie jedes System nur dann haben kann, wenn es andere Systeme gibt, mit denen es zu einem Gesamtsystem verschränkt ist. Diese ontologische Abhängigkeit der Systeme ist keine rigide, sondern eine generische, denn es müssen keine bestimmten anderen Systeme sein, sondern nur irgendwelche anderen. Letztlich sind es alle fundamentalen physikalischen Systeme, die die fundamentale physikalische Ebene als Gesamtsystem konstituieren, so dass ein jeweiliges System zeitabhängige Eigenschaften nur mit allen anderen Systemen zusammen hat.

Wenn fundamentale physikalische Systeme nicht nur intrinische, sondern auch relationale Eigenschaften haben, dann lässt sich kein Atomismus bzw. Substanzialismus mehr vertreten, für den die Welt letztlich aus einer Vielzahl unabhängiger Systeme mit ausschließlich intrinsischen Eigenschaften besteht, die festlegen, ob und welche Relationen bestehen. Zwar haben solche Systeme intrinsische Eigenschaften. Aber diese zeitunabhängigen Eigenschaften legen nicht die Relationen der Zustandsverschränkung fest. Im Gegenteil sind sie selbst von den Eigenschaften abhängig, die den Zustandsverschränkungen unterworfen sind, denn die zeitabhängigen Eigenschaften bestimmen das Verhalten der zeitunabhängigen Eigenschaften mit. Tatsächlich sind Zustandsverschränkungen fundamentale physikalische Relationen, durch die den fundamentalen physikalischen Systemen zeitabhängige Eigenschaften zukommen, und zwar insofern, als sie Teile eines Ganzen sind. Folglich muss auf der fundamentalen physikalischen Ebene hinsichtlich der zeitabhängigen Eigenschaften von einem Holismus ausgegangen werden. Ein System ist genau dann holistisch, wenn seine Teile hinsichtlich einiger der für sie konstitutiven Eigenschaften generisch ontologisch davon abhängig sind, dass es andere Teile gibt, mit denen sie ein Ganzes bilden. Mit Holismus ist hier also keine vertikale Bestimmung der Teile durch das Ganze gemeint, sondern nur eine spezifische horizontale Relationierung der Teile durch einige ihrer Eigenschaften.

Dieser Holismus lässt sich als moderater Strukturenrealismus explizieren, der eine Struktur als Netz konkreter physikalischer Relationen zwischen konkreten physikalischen Systemen konzipiert. Dieser Strukturenrealismus ist moderat nicht nur, weil er etwas anerkennt, das in den Relationen steht, sondern auch, weil diese Relata intrinsische Eigenschaften haben können. Gleichwohl haben die Relata keine ontologische Priorität gegenüber den Relationen, weil die Relationen nicht durch intrinsische Eigenschaften festgelegt werden, sondern ebenso fundamental sind wie die Relata. Relata und Relationen sind ontologisch gleichursprünglich. Die Weisen, in der die Relata existieren, werden nicht nur durch intrinsische, sondern auch durch relationale Eigenschaften festgelegt. Hinsichtlich ihrer zeitabhängigen Eigenschaften sind fundamentale physikalische Systeme im Grunde nichts weiter als das, was in den fundamentalen physikalischen Relationen der Zustandsverschränkung steht, so dass man sagen kann, diese Relationen sind die Weisen, in der sie in dieser Hinsicht existieren.

Fundamentale physikalische Relationen gibt es nicht nur als Zustandsverschränkungen von Quantensystemen, sondern auch als metrische Relationen zwischen Punkten der Raumzeit. Der Allgemeinen Relativitätstheorie entsprechend lassen sich diese Punkte ebenfalls als fundamentale physikalische Systeme konzipieren, und zwar als Systeme ohne intrinsische Eigenschaften (Einstein & Grossmann 1913). Diese Systeme sind tatsächlich nichts weiter als das, was in den raumartigen, zeitartigen und lichtartigen Abständen zwischen Punkten der Raumzeit besteht.

Kausale Strukturen

Nun bilden sowohl die Relationen der Zustandsverschränkung von Quantensystemen als auch die metrischen Relationen zwischen Punkten der Raumzeit Strukturen, die als kausal wirksam konzipiert werden müssen. Diese Annahme kausaler Strukturen wird durch ein epistemologisches Argument erzwungen, das bereits Durkheim benutzte:

„Selbst wenn [...] ein Phänomen dem Geist nicht deutlich vorstellbar ist, hat man gleichwohl nicht das Recht, es zu leugnen, sofern es sich durch fest umgrenzte Wirkungen ausdrückt, die ihrerseits vorstellbar sind und durch die es sich zu erkennen gibt" (Durkheim 1976: 66).

Die Strukturen auf der fundamentalen physikalischen Ebene sind dem „Geist" insofern nicht deutlich vorstellbar, als sie nicht direkt beobachtet werden können. Was die Relationen der Zustandsverschränkung von Quantensystemen betrifft, so beobachtet man in Experimenten Korrelationen zwischen Messergebnissen, aber nicht die Superpositionen dieser Korrelationen selbst. Dennoch nimmt man an, dass diese Strukturen existieren, weil sie sich durch beobachtbare Wirkungen zu erkennen geben. Nicht nur die Messergebnisse setzen eine (sei sie noch so indirekte) kausale Beziehung zwischen den Strukturen und dem Erkenntnisapparat voraus. Eine kausale Beziehung ist auch Voraussetzung, um die Existenz makroskopischer physikalischer Systeme erklären zu können.

Freilich lassen sich beobachtbare Phänomene durch nicht beobachtbare Phänomene nur dann kausal erklären, wenn man Kausalität nicht als bloße Regularität der Aufeinanderfolge raumzeitlich benachbarter Phänomene konzipiert. Die Regularitätstheorie der Kausalität versagt in dieser Hinsicht. Diese Theorie geht davon aus, dass ein Phänomen p_1 zeitlich vor und räumlich neben einem anderen Phänomen p_2 liegt und dass immer dann, wenn ein Phänomen vom Typ p_1 gegeben ist, es ein Phänomen vom Typ p_2 gibt, das zeitlich auf das erste Phänomen folgt und räumlich mit ihm benachbart ist. Damit nimmt sie an, dass p_1 die Ursache und p_2 die Wirkung ist. Dabei stellen sich jedoch mehrere Probleme, z. B. wenn es ein drittes Phänomen p_3 gibt, das ebenso wie p_1 zeitlich immer vor und räumlich immer neben p_2 liegt, aber hinsichtlich p_2 wirkungslos ist. Dann gibt es eine Regularität zwischen p_3 und p_2 ebenso wie zwischen p_1 und p_2, ohne dass eine kausale Beziehung zwischen p_3 und p_2 besteht. Dieses Problem lässt sich möglicherweise im Sinne der Regularitätstheorie lösen, wenn die Phänomene, die als Ursachen in Frage kommen, beobachtbar sind. Wenn sie es nicht sind, wird sich die Ursache schwerlich identifizieren lassen, so dass es auch keinen Grund gibt, die Existenz eines bestimmten nicht beobachtbaren Phänomens anzuerkennen. Dies ist nur dann möglich, wenn man Kausalität als einen Prozess konzipiert, in dem ein Phänomen ein anderes Phänomen hervorbringt und damit der Grund von dessen Existenz ist.

Durkheim scheint Kausalität in diesem produktiven Sinne verstanden zu haben. Für ihn war jedes Phänomen eine Realität, „die ihre Gegenwart durch besondere Wirkungen beweist", denn:

„Alles was ist, ist auf eine bestimmte Weise, hat ausgeprägte Eigenschaften. Jede Eigenschaft aber offenbart sich in Äußerungen, die unterbleiben würden, wenn sie selbst nicht wäre; denn durch eben diese Äußerungen wird sie definiert" (Durkheim 1976: 46–47).

Für Durkheim sind Eigenschaften kausal wirksam. Sie bestehen geradezu in den Wirkungen, die Phänomene dadurch entfalten können, dass sie die entsprechenden Eigenschaften haben. Solche Eigenschaften werden als dispositionale Eigenschaften bzw. Dispositionen bezeichnet und als kausale Kräfte konzipiert, denn sie verleihen

Phänomenen die Kraft, Wirkungen hervorzubringen (Shoemaker 2003; Bird 2007; Mumford & Anjum 2011). Damit ist kein Determinismus impliziert, sofern man Kraft als eine den Eigenschaften innewohnende Propensität begreift, d. h. als eine reale, im Sinne einer objektiven Wahrscheinlichkeit mehr oder weniger starke Tendenz, eine Wirkung hervorzubringen (Popper 1959; 1995; Rosenthal 2004).

In diesem Sinne lassen sich die nicht beobachtbaren Relationen der Zustandsverschränkung von Quantensystemen als kausale Kräfte begreifen. Die miteinander verschränkten zeitabhängigen Eigenschaften Ort, Impuls und Spin in jeder Raumrichtung verleihen diesen Strukturen die kausale Kraft, makroskopische physikalische Systeme hervorzubringen. Dies geschieht durch Zustandsreduktionen (Ghirardi et al. 1986; Bell 1987; Ghirardi 2005; Dorato 2006; 2007; Suárez 2007). Das sind spontane Lokalisierungen größerer Mengen zustandsverschränkter Quantensysteme, bei denen die Superpositionen der Einstein-Podolsky-Rosen-Korrelationen auf eine der möglichen Korrelationen reduziert werden. Das beginnt mit einem nahezu definiten numerischen Wert des Orts. Dann nehmen auch die anderen zeitabhängigen Eigenschaften nahezu definite numerische Werte an. Je mehr Quantensysteme zustandsverschränkt sind, desto höher ist die Wahrscheinlichkeit, dass eine Zustandsreduktion eintritt und ein aus vielen Quantensystemen bestehendes physikalisches System entsteht, dessen Eigenschaften keinen Verschränkungen mehr unterworfen sind, sondern nahezu definite numerische Werte im Sinne der klassischen Physik annehmen.

Die metrischen Relationen zwischen Punkten der Raumzeit sind ebenfalls nicht beobachtbar und müssen daher ebenfalls als kausale Kräfte konzipiert werden. Dies ist möglich, weil der Allgemeinen Relativitätstheorie zufolge das metrische Feld der Raumzeit das Gravitationsfeld enthält und sowohl mit sich selbst als auch mit Feldern der nicht-gravitationellen Energie-Materie in Wechselwirkung steht. Dadurch bringen die raumzeitlich-gravitationellen Strukturen die beobachtbaren Gravitationseffekte hervor (Bird 2009).

Diese Konzeption von Kausalität gilt nicht nur für relationale, sondern auch für intrinsische Eigenschaften. Die zeitunabhängigen, intrinsischen Eigenschaften der Quantensysteme wie Masse und Ladung lassen sich ebenfalls als kausale Kräfte begreifen. Masse ist die kausale Kraft, Widerstand gegen Beschleunigung zu leisten. Ladung ist die kausale Kraft, ein elektromagnetisches Feld aufzubauen. Diese kausalen Kräfte sind auf der fundamentalen physikalischen Ebene an die Zustandsverschränkungen gebunden, weil die Quantensysteme die Relata dieser Relationen sind.

Kausale Kräfte sind reale physikalische Eigenschaften und wirken auf realem physikalischem Wege. Auf der fundamentalen physikalischen Ebene geschieht dies entweder in Form quantenmechanischer Effekte wie bei den Strukturen der Zustandsverschränkung oder in Verbindung mit den Wechselwirkung genannten physikalischen Grundkräften (Gravitation, Elektromagnetismus, starke Wechselwirkung und schwache Wechselwirkung) wie bei den metrischen Strukturen der Raumzeit. Beidesmal sind die Strukturen kausale Kräfte, die sich in Kausalbeziehungen manifestieren, durch die sie makroskopische physikalische Systeme mit klassischen Eigenschaften hervorbringen. Diese Systeme sind Konfigurationen raumzeitlich zusammenhängender fundamentaler physikalischer Systeme. Die klassischen Eigenschaften dieser Systeme sind ebenfalls kausal wirksam im Sinne von kausalen Kräften, bestimmte weitere Wirkungen hervorzubringen. Auch dies geschieht, wie wir sehen werden, auf realem physikalischem Wege, nämlich in Form von Wechselwirkungen.

Die Regularitäten, von denen die Regularitätstheorie der Kausalität spricht, lassen sich denn auch als kausale Beziehungen konzipieren, die den Charakter von Naturgesetzen annehmen können (Bartels 2000; Bird 2007; Hüttemann 2007a; 2007b; Mumford 2004). Wenn auf ein Phänomen p_1 zeitlich immer ein anderes, räumlich benachbartes Phänomen p_2 folgt, dann darum, weil die Eigenschaften von p_1 zusammen die Kraft haben, p_2 mit seinen Eigenschaften hervorzubringen. Solche Naturgesetze muss man nicht deterministisch verstehen, denn Kräfte lassen sich als Propensitäten begreifen. Somit haben wir es mit statistischen Gesetzen zu tun.

Die aktuelle Physik und die darauf aufbauende Naturphilosophie bestätigen also Simmels und Bourdieus Schulterschluss mit dem Denken in Relationen und Funktionen. Die fundamentale physikalische Ebene ist im Wesentlichen durch Relationen der Zustandsverschränkung von Quantensystemen und metrische Relationen zwischen Punkten der Raumzeit charakterisiert. Beide müssen als kausal wirksame Strukturen konzipiert werden, die kraft ihrer Eigenschaften alle komplexen Systeme und deren Relationen als kausale Strukturen hervorbringen.

3.2   Komplexere Ebenen: Von der Natur zum Geist …

Kosmische Evolution, Supervenienz und Realisierung

Simmel konnte von den Relationen der Zustandsverschränkung von Quantensystemen und den metrischen Relationen zwischen Punkten der Raumzeit noch nichts wissen. Aber seine Vorstellung von der Evolution komplexer Systeme aus physikalischen Strukturen kommt der aktuellen Physik und Naturphilosophie schon sehr nahe (Simmel 1989: 126–134). Seines Erachtens stehen zunächst punktuelle Atome in Wechselwirkung. Die in diesen Relationen und durch diese Relationen wirkenden Kräfte bringen die Moleküle genannten chemischen Urbestandteile hervor, die durch Wechselwirkung die Zellen hervorbringen, die durch Wechselwirkung den menschlichen Organismus mit seinen psychischen Erscheinungen hervorbringen. Dabei ist jedes System eine Einheit, die sich dadurch von anderen Systemen abgrenzt, dass ihre Teile untereinander in kräftigerer Wechselwirkung stehen als mit anderen Systemen und dass sie als Ganze auf andere Systeme wirkt (Simmel 1989: 129–131).

Die aktuelle Physik und Naturphilosophie gehen davon aus, dass die kosmische Evolution (Chaisson 2002) mit Zustandsreduktionen verschränkter Quantensysteme beginnt (Esfeld 2008a: Kap. 3; 2008b; Esfeld 2011a: Kap. V, VIII; Esfeld & Sachse 2010: Kap. 2). Als kausale Strukturen bringen Relationen der Zustandsverschränkung von Quantensystemen durch spontane Lokalisierungen Konfigurationen raumzeitlich zusammenhängender Quantensysteme hervor. Ob die metrischen Strukturen der Raumzeit, in die das Gravitationsfeld eingefügt ist, daran mitwirken, ist noch nicht geklärt (Penrose 2004: Kap. 30). Jedenfalls handelt es sich bei diesen Konfigurationen um makroskopische physikalische Systeme, deren Eigenschaften nahezu definite numerische Werte im Sinne der klassischen Physik annehmen, ohne dadurch ihre Dispositionalität einzubüßen, so dass diese Systeme kraft ihrer klassischen Eigenschaften nunmehr selbst kausal wirksam werden. Insofern kann man sie als komplexe Objekte konzipieren, wie folgendes Zitat unterstreicht, das bis in den Sprachduktus hinein (Interaktion = Wechselwirkung) Simmels Position aktualisiert und ihr den Ruch des Metaphorischen nimmt:

„Eine Konfiguration raumzeitlich zusammenhängender fundamentaler physikalischer Objekte ist genau dann ein *komplexes Objekt*, wenn sie als ganze signifikante Wirkungen hervorbringt, durch die sie sich von ihrer Umgebung abhebt. Ein Molekül beispielsweise ist in diesem Sinn ein komplexes Objekt, weil es als ganzes in einer bestimmten Weise mit seiner Umgebung interagiert. Durch diese Interaktionen hebt es sich von seiner Umgebung ab. Das Gleiche gilt […] generell für Organismen bis hin zu Personen: Sie bringen als ganze bestimmte signifikante Wirkungen hervor" (Esfeld & Sachse 2010: 97–98).

Tatsächlich sind alle makroskopischen Systeme, die es gibt, aus Quantensystemen entstanden und aus Quantensystemen zusammengesetzt (Esfeld 2011a: 77–78, 125; Esfeld & Sachse 2010: 45, 77–92). Quantensysteme bringen kraft ihrer physikalischen Eigenschaften Moleküle genannte Konfigurationen von Quantensystemen mit molekularen Eigenschaften hervor. Moleküle bringen kraft ihrer molekularen Eigenschaften Zellen genannte Konfigurationen von Quantensystemen mit zellulären Eigenschaften hervor. Zellen bringen kraft ihrer zellulären Eigenschaften Organismen genannte Konfigurationen von Quantensystemen mit organischen Eigenschaften hervor. Das Hervorgebrachte ist stets komplexer als das Hervorbringende. Dabei entstehen aber keine verschiedenen Stufen des Seins. Vielmehr entsteht ein Kontinuum, das in Ebenen im Sinne verschiedener Grade *physikalischer* Komplexität eingeteilt werden kann. Die Systeme auf diesen Ebenen werden als Moleküle, Zellen und Organismen bezeichnet, wobei diese Begriffe allesamt auf Konfigurationen von Quantensystemen referieren (Esfeld 2011a: 128). In diesem Sinne hat Simmel argumentiert, dass die Wissenschaften dem regulativen Weltprinzip entsprechend, demzufolge alles mit allem in irgend einer Wechselwirkung steht, solche Zusammenhänge herausgreifen, bei denen die Wechselwirkung kräftig genug ist, um als „Einheiten" zu wirken (Simmel 1989: 130–131), so dass es die Chemie mit Molekülen und die Biologie mit Zellen und Organismen zu tun hat.

In der Naturphilosophie konzipiert man das Verhältnis, das die Eigenschaften der Systeme auf diesen verschiedenen Ebenen zueinander haben, als Supervenienz (lat. supervenire = hinzukommen) (Esfeld 2008a: Kap. 4; 2011a: Kap. VIII; Hoyningen-Huene 2004; 2007: 179–180). Auf den physikalischen Eigenschaften supervenieren molekulare Eigenschaften, auf den molekularen supervenieren zelluläre und auf den zellulären supervenieren organische. Damit ist stets ein Zusammenhang der Abhängigkeit zwischen zwei Ebenen gemeint, der die Aspekte Kovarianz und Fixierung umfasst. Die supervenierende Ebene *B* ist von ihrer Supervenienzbasis *A* insofern abhängig, als es Unterschiede auf der *B*-Ebene nur aufgrund von Unterschieden auf der *A*-Ebene geben kann, weil die *A*-Systeme kraft ihrer Eigenschaften die *B*-Systeme mit ihren Eigenschaften hervorbringen und in ihrer Wirksamkeit festlegen.

Da Abhängigkeit ein modaler Begriff ist, lässt sich dieser Zusammenhang in unterschiedlicher modaler Stärke formulieren, was in der Sprache möglicher Welten geschieht. Zu schwacher Supervenienz gelangt man, wenn der Abhängigkeitszusammenhang nur in einer bestimmten möglichen Welt gegeben sein soll; zu starker Supervenienz, wenn dieser Zusammenhang in beliebigen möglichen Welten gegeben sein soll, denn dann ist er nicht nur möglich, sondern notwendig. Betrachtet man diesen Zusammenhang mit Blick auf ganze Welten, spricht man von globaler Supervenienz. Dabei geht es um die allgemeine Abhängigkeit aller komplexen Systeme von der Verteilung der Quantensysteme über die gesamte Raum-Zeit. Betrachtet man den Zusammenhang mit Blick auf einzelne Systeme, spricht man von lokaler Supervenienz. Dabei geht es um die besondere Abhängigkeit eines bestimmten komplexen Systems von bestimmten Quantensystemen.

Umgekehrt sagt man in der Naturphilosophie, dass die *B*-Eigenschaften als *A*-Eigenschaften realisiert sind. Da alle komplexen Systeme aus Quantensystemen entstanden und aus Quantensystemen zusammengesetzt sind, sind alle Eigenschaften physikalisch realisiert, und das eben auch insofern, als es in jedem einzelnen Fall eine Konfiguration von Quantensystemen gibt, die kraft ihrer Eigenschaften die Wirkungen hervorbringt, die für die Eigenschaften der komplexen Systeme charakteristisch sind. Dabei muss nicht jede organische, zelluläre oder molekulare Eigenschaft als die gleiche physikalische Konfiguration realisiert sein. Physikalische Konfigurationen, die auf verschiedene Weisen zusammengesetzt sind und daher mit verschiedenen physikalischen Begriffen beschrieben werden, können eine organische, zelluläre oder molekulare Eigenschaft desselben Typs realisieren, weil sie als Konfigurationen die gleichen Wirkungen hervorbringen. In diesem Fall spricht man von multipler Realisierung.

Im Anschluss an die Philosophie der Natur konzipiert man in der Philosophie des Geistes die Entstehung psychischer Erscheinungen ebenfalls als ein Hinzukommen im Sinne von Supervenienz (Esfeld 2005: Kap. IV; Kim 1998: 10–14). Die Bezeichnung „Philosophie des Geistes" ist irreführend, denn ebenso wie die Rede von einem menschlichen Geist (bzw. von einer menschlichen Psyche) leistet sie nur „der problematischen Idee eines Substanz-Geistes Vorschub, eines Geistes, der eine spezielle Art von Objekt darstellt" (Kim 1998: 6). Anstatt in einem hypostasierenden Sinne davon zu sprechen, dass Menschen „einen Geist haben" (bzw. „eine Psyche haben"), sollte man treffender sagen, dass Menschen „mentale Eigenschaften" haben (Kim 1998: 6). Was als Geist (oder als Psyche) bezeichnet wird, ist nichts anderes als eine Vielfalt spezifischer, durch die „Wechselwirkung von Myriaden von Nervenzellen" hervorgebrachter Gehirnzustände (Thompson 2010: 9). Diese Gehirnzustände lassen sich als Eigenschaften des Gehirns begreifen, denn man kann den Sachverhalt, dass jemand z. B. etwas fühlt, so auffassen, dass er eine bestimmte Eigenschaft hat, nämlich die mentale Eigenschaft, ein bestimmtes Gefühl zu haben (Esfeld 2005: 10; Kim 1998: 6). Man kann also sagen, dass das Gehirn mentale Eigenschaften hat, die auf seinen organischen Strukturen supervenieren bzw. durch Konfigurationen physikalischer Quantensysteme realisiert werden.

Die in der Philosophie des Geistes diskutierte Vielfalt mentaler Eigenschaften des Gehirns lässt sich in einem Koordinatensystem verorten, dessen Achsen die „erlebte Erfahrung" und die „Intentionalität" bilden (Esfeld 2005: 7–10; Kim 1998: 14–17). Erlebte Erfahrung ist eine empfindungsmäßige Qualität wie Schmerzen oder Emotionen. Die Intentionalität einer mentalen Eigenschaft wie einer Wahrnehmung, Emotion oder Kognition besteht Franz Brentano zufolge, der diesen Begriff Ende des 19. Jahrhunderts in die Philosophie einführte, darin, dass sie das, worauf sie gerichtet ist, als Objekt in sich enthält bzw. repräsentiert: „In der Vorstellung ist etwas vorgestellt, in dem Urteile ist etwas anerkannt oder verworfen, in der Liebe geliebt, in dem Hasse gehaßt, in dem Begehren begehrt usw." (Brentano 1973: 125).

Einerseits kann es erlebte Erfahrungen geben, die nur empfunden werden, aber auf nichts gerichtet sind. Andererseits kann es Intentionen geben, mit denen man hinsichtlich eines Sachverhalts eine propositionale, d. h. in einem Aussagesatz ausdrückbare Einstellung einnimmt, ohne etwas zu empfinden. Zwischen einem bloßen Juckreiz und einer Meinung zu einem deskriptiven Sachverhalt gibt es unzählige mentale Eigenschaften, in denen sich in verschiedenen Graden erlebte Erfahrung und Intentionalität mischen. Wahrnehmung als Empfindung von Sinneseindrücken

ist stets auf etwas oder jemanden gerichtet. Dasselbe gilt für die Empfindung von
Emotionen wie Liebe oder Hass, während auch Kognitionen wie Überzeugungen
oder Handlungsabsichten, die sich in Aussagen ausdrücken lassen, mit Empfindungen einhergehen können, z. B. mit moralischen Empfindungen. Generell sind damit
Eigenschafts*typen* (types) gemeint, während man von Eigenschafts*vorkommnissen*
(tokens) spricht, wenn man von einem konkreten Phänomen sagt, dass es jemanden
liebt oder von etwas überzeugt ist.

Abb. 1: Mentale Eigenschaften

Für mentale Eigenschaften gilt nun dasselbe wie für organische, zelluläre und molekulare Eigenschaften: Ihre Wirksamkeit kann nicht einfach vorausgesetzt werden.
Wenn solche Eigenschaften Wirkungen haben, dann reichen sie stets hinunter bis in
den physikalischen Bereich. So verursacht z. B. die Absicht, die Hand zu heben, als
mentale Eigenschaft stets auch Veränderungen der sich hebenden Hand bis hinunter
in den Bereich der Quantensysteme (Esfeld 2007a; 2007b; 2008c; Kim 1998: Kap. 6).
In der Philosophie des Geistes spricht man diesbezüglich von einer „*vom-Mentalen-
zum-Physikalischen*-Verursachung" (Kim 1998: 139). Im Unterschied dazu verursacht bei einer „*vom-Mentalen-zum-Mentalen*-Verursachung" eine mentale Eigenschaft eine andere mentale Eigenschaft (Kim 1998: 139), z. B. eine bestimmte Überzeugung die Absicht, in entsprechender Weise zu handeln, was zu Veränderungen
der neuronalen Strukturen des Gehirns und damit letztlich ebenfalls zu Veränderungen im Bereich der Quantensysteme führt. Wenn mentale Eigenschaften wirksam
sind, dann sind sie es stets bis hinunter in den physikalischen Bereich.

Vollständigkeit des physikalischen Bereichs, Kausalität und Identität

Nun gibt es allerdings das Prinzip der kausalen Vollständigkeit des physikalischen Bereichs, das bereits die auf Newton zurückgehende klassische Mechanik festgestellt hat und das seit der Kritik von Gottfried Wilhelm Leibniz am Geist-Körper-Interaktionismus von René Descartes auch in der Philosophie für mentale Eigenschaften anerkannt ist (Esfeld 2005: Kap. II; Leibniz 1962: 135 [§ 80]; Papineau 2002). Diesem Prinzip zufolge gibt es für alle physikalischen Wirkungen vollständige physikalische Ursachen, insofern es überhaupt Ursachen gibt. Bei der „*vom-Mentalen-zum-Physikalischen*-Verursachung" gibt es für die Veränderungen der Quantensysteme der Hand also vollständige physikalische Ursachen im Bereich der Quantensysteme, insofern es überhaupt Ursachen gibt. Ebenso gibt es bei der „*vom-Mentalen-zum-Mentalen*-Verursachung" für die Veränderungen der Quantensysteme der neuronalen Strukturen des Gehirns vollständige physikalische Ursachen im Bereich der Quantensysteme, insofern es überhaupt Ursachen gibt. In beiden Fällen scheinen die physikalischen Ursachen eine mentale Eigenschaft als Ursache auszuschließen. Diesen Sachverhalt bezeichnet man als Problem des kausalen Ausschlusses.

Bei der „*vom-Mentalen-zum-Physikalischen*-Verursachung" superveniert die Absicht, die Hand zu heben, als mentale Eigenschaft m_1 letztlich auf der physikalischen Eigenschaft p_1 der beabsichtigenden Person. Wenn nun m_1 eine physikalische Eigenschaft p_2 verursachen soll, z. B. die Veränderung der Quantensysteme der Hand, die aus deren Anheben folgt, dann gibt es dem Prinzip der kausalen Vollständigkeit des physikalischen Bereichs zufolge auch eine physikalische Eigenschaft, welche p_1 sein kann, die p_2 vollständig verursacht und damit m_1 als Ursache ausschließt. Diesen Sachverhalt kann man folgendermaßen abbilden, wobei der gepunktete Pfeil die Supervenienz und der fett gedruckte Pfeil die tatsächliche Verursachung darstellt:

Abb. 2: Vom-Mentalen-zum-Physikalischen-Verursachung

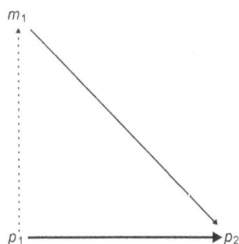

Bei der „*vom-Mentalen-zum-Mentalen*-Verursachung" ist dieser Zusammenhang komplexer. Wenn eine Überzeugung als mentale Eigenschaft m_1, die letztlich auf der physikalischen Eigenschaft p_1 der überzeugten Person superveniert, die Absicht, in entsprechender Weise zu handeln, als mentale Eigenschaft m_2 verursachen soll, dann kann sie dies angesichts der Supervenienz mentaler Eigenschaften auf letztlich physikalischen Eigenschaften nur dann, wenn sie auch die Supervenienzbasis im Sinne einer hinreichenden physikalischen Basis hervorbringt. m_1 kann m_2 also nur dadurch verursachen, dass sie auch eine physikalische Eigenschaft p_2 verursacht. Dem Prinzip der kausalen Vollständigkeit des physikalischen Bereichs zufolge hat p_2 nun aber eine vollständige physikalische Ursache, welche p_1 sein kann. Indem p_1 aber p_2 verursacht, verursacht sie auch das, was auf p_2 superveniert, nämlich m_2. Die physikalische Ursache p_1 schließt folglich die mentale Eigenschaft m_1 als Ursache aus. Diesen Sachverhalt kann man folgendermaßen abbilden, wobei die gepunkteten Pfeile die Supervenienz und die fett gedruckten Pfeile die tatsächliche Verursachung darstellen:

Abb. 3: Vom-Mentalen-zum-Mentalen-Verursachung

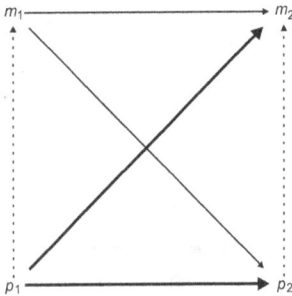

Will man daran festhalten, dass die Eigenschaften, mit denen sich die Einzelwissenschaften jenseits der Physik befassen, kausal wirksam sind – dass es also hinsichtlich unserer Beispiele Menschen gibt, deren Überzeugungen und Absichten die Ursachen ihrer Handlungen und der damit einhergehenden körperlichen Veränderungen sind –, muss man zeigen, wie man solche Verursachungen angesichts des Prinzips der kausalen Vollständigkeit des physikalischen Bereichs konzipieren kann. Die plausibelste Antwort auf diese Frage ist die Identitätsthese, die im Einklang mit dem Prinzip der kosmischen Evolution steht, demzufolge alles aus fundamentalen physikalischen Strukturen entstanden ist (Esfeld 2005: Kap. IV, VI; 2007a; 2007b; 2008c; 2011a: 125–127). Die Identitätsthese sichert die Wirksamkeit mentaler, organischer, zellulärer und molekularer Eigenschaften dadurch, dass sie sie mit den Eigenschaften der Konfiguration von Quantensystemen identifiziert, die die jeweilige Eigenschaft realisiert. Wenn z. B. eine mentale Eigenschaft wie die Absicht, die Hand zu heben, identisch ist mit den Eigenschaften eines bestimmten aus Quantensystemen zusammengesetzten Gehirnzustands, dann ist die Frage sinnlos, ob die

Ursache ihre Wirkung qua mentaler Eigenschaft oder qua physikalischer Eigenschaften hervorbringt: Die Ursache ist mental qua physikalisch.

Demzufolge gibt es bei der „*vom-Mentalen-zum-Mentalen*-Verursachung" auch nur eine Kausalbeziehung zwischen $m_1 = p_1$ und $m_2 = p_2$. Diesen Sachverhalt kann man so abbilden, wobei m_1 auf p_1 und m_2 auf p_2 supervenieren:

$$m_1 = p_1 \rightarrow m_2 = p_2$$

Demzufolge sind auch die kausalen Kräfte mentaler, organischer, zellulärer und molekularer Eigenschaften identisch mit den kausalen Kräften der Eigenschaften jener Konfigurationen von Quantensystemen, die sie realisieren. Bei diesen kausalen Kräften handelt es sich um die physikalischen Grundkräfte, die man als Wechselwirkungen bezeichnet. Liegt eine hohe Wahrscheinlichkeit kausaler Zusammenhänge vor, ist der physikalische Bereich nicht nur kausal, sondern auch nomologisch vollständig, nämlich insofern, als für jede physikalische Eigenschaft gilt, dass sie in dem Maße, in dem sie unter Gesetze fällt, unter physikalische Gesetze fällt:

> „Wir wissen, dass es nur die fundamentalen physikalischen Kräfte im Sinne von Wechselwirkungen gibt – gemäß unserem heutigen Kenntnisstand die starke und die schwache Wechselwirkung, der Elektromagnetismus und die Gravitation [...]. Es gibt keine eigenen chemischen oder biologischen Kräfte [...]. Die Kausalgesetze der Chemie und der Biologie beschreiben bestimmte Manifestationen der fundamentalen physikalischen Wechselwirkungen, insbesondere des Elektromagnetismus und auch der Gravitation" (Esfeld 2011a: 127).

> „die neurobiologische Forschung basiert auf den Gesetzen der Physik, insbesondere den Gesetzen der Mechanik, des Elektromagnetismus und der Gravitation" (Esfeld & Sachse 2010: 19).

Ontologischer Reduktionismus

Das Faktum der kosmischen Evolution und die Prinzipien der kausalen und nomologischen Vollständigkeit des physikalischen Bereichs begründen eine Position, die als Physikalismus oder ontologischer Reduktionismus bezeichnet wird (Kim 1998: Kap. 9; 2005; Esfeld 2006; 2008c; 2011a: 125–129). Da alles, was es auf der mentalen, organischen, zellulären und molekularen Ebene gibt, aus physikalischen Strukturen entstanden und mit physikalischen Strukturen identisch ist, lässt sich alles Mentale, Organische, Zelluläre und Molekulare auf die physikalische Ebene zurückführen. Diesem inter-level-Reduktionismus steht die Position des Emergentismus entgegen, die meint, dass im jeweiligen Übergang von einfacheren Systemen (*A*-Ebene) zu komplexeren Systemen (*B*-Ebene) gänzlich neuartige, sogenannte emergente Strukturen entstehen, die sich nicht auf die Strukturen der *A*-Systeme zurückführen lassen

(Clayton & Davies 2006). Manchmal wird sogar behauptet, dass solche emergenten
B-Strukturen auf die A-Ebene einwirken (downward causation). Diese Position ist aber
nicht plausibel und scheitert allein schon an der notorischen Unklarheit des Emergenzbegriffs (Esfeld & Sachse 2010: 19–20, 102; 2011; Hoyningen-Huene 2007: 191–197;
2011; Kim 2006). Tatsächlich sind alle B-Strukturen in dem trivialen Sinne emergent,
als es sie zu Beginn der kosmischen Evolution noch nicht gab, sie also irgendwann
als etwas Neues aufgetreten sein müssen. Bei B-Strukturen jedoch, die auch noch
insofern emergent wären, als sie nicht mit physikalischen Strukturen identisch wären, würde es sich um Epiphänomene ohne jede Wirkung handeln. Eine sogenannte
downward causation, die ohnehin durch das Prinzip der kausalen Vollständigkeit des
physikalischen Bereichs ausgeschlossen ist, wäre also gleich doppelt unmöglich.

Simmel hatte einen ontologischen Reduktionismus im Sinn, als er von der „Zurückführung" des Menschen auf die Summe der Wechselwirkungen seiner „atomistischen
Bestandteile" sprach (Simmel 1989: 128–129). Aber auch Durkheims Position, die
man dem Emergentismus zuschlägt, scheint mit dem ontologischen Reduktionismus
jedenfalls vom Ansatz her vereinbar zu sein. Einerseits sprach Durkheim davon, dass
die Strukturen der B-Ebenen gegenüber denen der A-Ebenen „etwas Neues" sind
(Durkheim 1976: 47, 71). Andererseits betonte er, dass dieses Neue von dem, das es
hervorbringt, abhängig ist. Eine visuelle Wahrnehmung z. B. ist für ihn eine Empfindung, an der „eine gewisse Anzahl von Zellen" mitwirkt, die sich in bestimmten
Zonen des Gehirns lokalisieren lassen: „Vielleicht ist sogar das ganze Gehirn an der
Arbeit, aus der die Bilder resultieren, beteiligt" (Durkheim 1976: 74). Jedenfalls ist
es für Durkheim nur so begreiflich, „wie die Empfindung vom Gehirn abhängig sein
und doch ein neues Phänomen darstellen kann":

> „Sie [die Empfindung] ist abhängig, weil aus molekularen Modifikationen
> aufgebaut (woraus sollte sie sonst bestehen, und woher sollte sie kommen?);
> gleichzeitig jedoch ist sie etwas anderes, weil sie aus einer neuen Synthese
> hervorgeht, an der zwar diese Modifikationen als Elemente beteiligt sind, bei
> der sie aber, eben durch die Tatsache ihrer Fusion, verwandelt werden"
> (Durkheim 1976: 74).

Für Durkheim erfolgt hier „eine chemische Synthese, welche die synthetisierten
Elemente konzentriert, zu einer Einheit verschmilzt und sie eben dadurch umformt"
(Durkheim 1976: 73). Tatsächlich schien er generell an eine Beziehung der Superve-
nienz zu denken, wenn er von einem „Hinzukommen" (Durkheim 1976: 53) von
Phänomenen der B-Ebene zu denen der A-Ebene sprach, wie z. B. geistiger Phäno-
mene zu Gehirnzuständen:

> „in der Natur gibt es keinen Bereich, der nicht von anderen Bereichen ab-
> hinge. Nichts also wäre absurder, als das psychische Leben zu einer Art Ab-

solutum zu erheben, das nirgendwo herkäme und mit dem übrigen Universum nicht in Zusammenhang stünde. Es liegt auf der Hand, daß der Zustand des Gehirns alle geistigen Phänomene affiziert" (Durkheim 1976: 70). Dabei stellte Durkheim fest, dass diese geistigen Phänomene keine „Epiphänomene" sind (Durkheim 1976: 46). Ihr „Hinzukommen" zum Zustand des Gehirns darf sich nicht in einer „überflüssigen Wiederholung", einer Art „unbegreiflichem Luxus", erschöpfen, vielmehr muss jedes geistige Phänomen „fähig sein, Wirkungen zu erzeugen, die ohne es nicht erfolgen würden" (Durkheim 176: 53). Das kann es aufgrund des Prinzips der kausalen Vollständigkeit des physikalischen Bereichs, das zu Durkheims Zeit bereits bekannt war, freilich nur dann, wenn es mit physikalischen Strukturen identisch ist. Eine Beziehung der Supervenienz ohne downward causation dürfte im Übrigen bereits Comte im Sinn gehabt haben, als er konstatierte, dass „die chemischen Vorgänge verwickelter sind als die physikalischen und [dass] sie auch von den letzteren abhängen, ohne sie zu beeinflussen" (Comte 1974: 25).

3.3 ... und zur Gesellschaft

3.3.1 Soziale Handlungen und soziale Beziehungen

Wechselwirkungen als soziale Handlungen

Wie wir gesehen haben, kommt Simmels Vorstellung von der Evolution komplexer Systeme aus physikalischen Strukturen der aktuellen Physik und Naturphilosophie schon sehr nahe und ist zudem mit der Philosophie des Geistes vereinbar. Nun ist Simmel auch noch den nächsten Schritt gegangen, indem er das Hinzukommen von Gesellschaft thematisierte. Wenn mehrere menschliche Organismen in Wechselwirkungen treten, dann bringen sie eine Gesellschaft hervor. Das können sie, weil jeder menschliche Organismus ein „*komplexes Objekt*" ist, das als ganzes aufgrund seiner Eigenschaften bestimmte signifikante Wirkungen hervorbringen kann, durch die es sich von seiner Umgebung abhebt (Esfeld & Sachse 2010: 97–98; Simmel 1989: 130–131). Diese Wechselwirkungen werden durch psychische Erscheinungen im Sinne mentaler Eigenschaften verursacht und vollziehen sich im Handeln:

„Wechselwirkung entsteht immer aus bestimmten Trieben heraus oder um bestimmter Zwecke willen. [...] Triebe, Zwecke [...] bewirken es, daß der Mensch in ein Zusammensein, ein Füreinander-, Miteinander-, Gegeneinander-Handeln, in eine Korrelation der Zustände mit andern tritt, d. h. Wirkungen auf sie ausübt und Wirkungen von ihnen empfängt" (Simmel 1992: 17–18).

Simmel spricht hier pauschal von Trieben und Zwecken und stiftet zudem eine gewisse Verwirrung dadurch, dass er diese „Motivierungen" des Handelns nach „kau-

sal treibenden" und „teleologisch ziehenden" unterscheidet (Simmel 1992: 18–19).
Freilich hat er dabei keine aristotelische Zweckursache (causa finalis) im Sinn, die
man in der Neuzeit als diskreditiert betrachten darf (Kondylis 1986). Vielmehr
kommt er nur auf die teleologische Struktur jeder Handlung zu sprechen. Jede Handlung ist insofern teleologisch, als sie auf einen Zweck bzw. ein Ziel (griech. telos;
lat. finis) gerichtet ist, um dessentwillen gehandelt wird. Dieser Zweck bzw. dieses
Ziel ist aber nicht die Ursache der Handlung, denn das würde die Zeitrichtung kausaler Relationen umkehren. Die Ursache ist die wie auch immer motivierte Absicht,
diesen Zweck bzw. dieses Ziel zu erreichen:

> „Wo ein zielbewußtes Handeln vorliegt, ist ein gegenwärtiges Geschehen
> nicht durch künftige Ereignisse bestimmt, sondern durch Motive handelnder
> Personen, die mit diesem Geschehen parallel verlaufen oder ihm vorangehen.
> [...] Teleologie in diesem Sinn ist Motivkausalität. Der Begriff der zielbe-
> wußten Intention gestattet uns, die *causa finalis* als einen Spezialfall der
> *causa efficiens* zu deuten" (Stegmüller 1969: 531; Csibra & Gergely 2007;
> Horn & Löhrer 2010).

Eine Absicht ist eine intentionale mentale Eigenschaft, die als solche selbst durch
eine andere mentale Eigenschaft verursacht werden kann, welche sich im Koordinatensystem mentaler Eigenschaften als mehr oder weniger empfindungsmäßig bzw.
intentional verorten lässt. Simmel ist auf solche *vom-Mentalen-zum-Mentalen*-
Verursachungen nicht eingegangen. Weber hat sie wenigstens indirekt thematisiert.
Für Weber ist jede Handlung insofern ein beabsichtigtes Verhalten, als man mit ihr
einen *„subjektiven Sinn"* verbindet (Weber 1980: 1). Dieser subjektive Sinn ist in
einen *„Sinnzusammenhang"* eingebettet, der dem Handelnden selbst und/oder einem
Beobachter als sinnhafter „Grund" der Handlung erscheint. Einen solchen Sinnzusammenhang bezeichnet Weber als „Motiv" der Handlung (Weber 1980: 4–5). Motive können emotional (Gefühle), traditional (Gewohnheiten) und rational (Interessen) sein, für Weber sind sie gleichermaßen „Bestimmungsgründe" und damit noch
vor allen Absichten Ursachen des Handelns (Weber 1980: 12–13).

Simmels regulativem Weltprinzip entsprechend lassen sich also nicht nur kausal
treibende Triebe, sondern alle mentalen Eigenschaften m_1, die als Motive Handlungsabsichten als mentale Eigenschaften m_2 verursachen können, als Ursachen des
Handelns begreifen, denn aufgrund ihrer Identität mit fundamentalen physikalischen
Strukturen p_1 sind sie kausale Kräfte im physikalischen Sinne. Auch Handlungsabsichten m_2 sind mit fundamentalen physikalischen Strukturen p_2 identisch, so dass
sie ihrerseits als kausale Kräfte dem jeweiligen Sinnzusammenhang entsprechende
Handlungen verursachen können, und zwar in Form einer *vom-Mentalen-zum-
Physikalischen*-Verursachung, denn Handlungen sind Körperbewegungen und damit
letztlich „bestimmte Anordnungen physikalischer Zustände" p_3; tatsächlich können

Handlungen „nicht eine Realität jenseits der physikalischen Zustände und ihrer Anordnungen besitzen" (Esfeld 2005: 144). Das gilt auch für symbolisch vermittelte Handlungen wie z. B. Sprechakte, denn Sprache ist „in der lautlichen Materie organisiertes Denken" (Saussure 1967: 132). Und es gilt sogar für das „Unterlassen und Dulden" (Weber 1980: 1), das Weber ebenfalls zum Handeln zählt: „the brain areas involved in representation of voluntary action and voluntary non-action are virtually the same. Moreover, choosing whether to act or not to act shows a similar neural signature as selecting between different overt response options" (Kühn & Brass 2009: 1193).

Abb. 4: Handeln

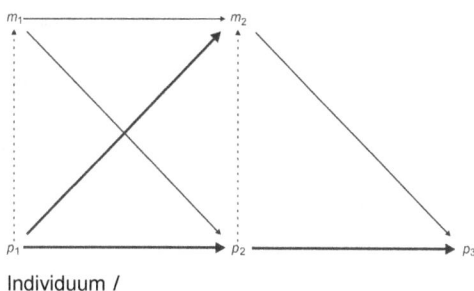

Individuum *I*

Simmel zufolge bringen Motive die Menschen dazu, mit anderen in Wechselwirkungen zu treten. Diese Wechselwirkungen vollziehen sich im Handeln, weshalb man Simmels Begriff der Wechselwirkung auch synonym mit dem Begriff der Interaktion verwendet. Simmel selbst hat keine Handlungstheorie formuliert. Trotz der Vorbehalte, die Weber hinsichtlich Simmels Gebrauch des Begriffs der Wechselwirkung hatte (Weber 1991), lässt sich Simmels Position mit Webers Theorie explizieren.

Weber sprach diesbezüglich von „sozialem Handeln" (Weber 1980: 1). Damit meinte er ein Handeln, „welches seinem von dem oder den Handelnden gemeinten Sinn nach auf das Verhalten *anderer* bezogen wird und daran in seinem Ablauf orientiert ist" (Weber 1980: 1). Soziales Handeln kann einseitig sein, wenn sich *ein* Individuum auf die Handlungen eines anderen Individuums oder mehrerer anderer Individuen bezieht, ohne dass diese etwas davon merken. Simmel und Weber waren jedoch an solchem sozialen Handeln interessiert, bei denen sich *zwei oder mehrere* Individuen wechselseitig auf die Handlungen des anderen Individuums bzw. der anderen Individuen beziehen. Dabei gilt für jedes einzelne Individuum *I*, dass ein auf die Handlungen eines anderen oder mehrerer anderer bezogenes Motiv m_1 in Form einer *vom-Mentalen-zum-Mentalen*-Verursachung eine diesem Sinnzusammenhang entsprechende Handlungsabsicht m_2 hervorbringt, die ihrerseits in Form einer *vom-Mentalen-zum-*

Physikalischen-Verursachung eine Handlung p_3 hervorbringt. Dieser Zusammenhang lässt sich am Beispiel zweier Handelnder wie folgt illustrieren:

Abb. 5: Soziales Handeln

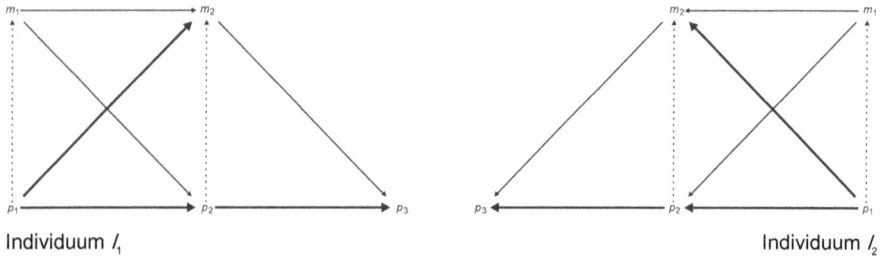

Individuum I_1 Individuum I_2

Die Bezugnahme und Orientierung am Handeln des oder der anderen wird dadurch möglich, dass die Beteiligten dieses Handeln zumindest „*aktuell*" verstehen können, d. h. fähig sind, im Zuge seiner Wahrnehmung auch seinen gemeinten Sinn zu erfassen (Weber 1980: 3–4). Diese Fähigkeit basiert, wie man heute weiß, auf einem organischen Mechanismus, den der Mensch von seinen tierischen Vorfahren geerbt hat.

Handlungsverstehen im Spiegel der Neuronen

Wie Studien mit Makaken (Macaca nemestrina) gezeigt haben, basiert bei Primaten das Verstehen der Handlungen anderer auf einem Spiegelneuronensystem (mirror system) im Gehirn (Barrett & Henzi 2005; Gallese et al. 1996; Keysers et al. 2003; Pellegrino et al. 1992; Rizzolatti et al. 1996; Rizzolatti et al. 2001; Shepherd et al. 2009). Dieses System ist insofern sensomotorischer Natur, als es die Wahrnehmung und die Ausführung von Handlungen verschränkt. Bei der Wahrnehmung einer Handlung werden im Gehirn des Wahrnehmenden dieselben Neuronen (exogen) aktiviert, die (endogen) aktiviert werden würden, wenn er die gleiche Handlung ausführen würde. Dies trifft allerdings nur dann zu, wenn er diese Handlung selbst schon einmal ausgeführt hat, sie als Handlungsmuster in seinem Handlungsrepertoire mithin enthalten ist. Wenn ein Makake einen anderen sieht, der z. B. seine Hand nach einer Orange ausstreckt, dann feuern in seinem Gehirn dieselben Neuronen, die feuern würden, wenn er selbst wieder einmal seine Hand nach einer Orange ausstrecken würde. Daher heißt es auch, dass das Spiegelneuronensystem die Handlung des anderen simuliert.

Das Spiegelneuronensystem ermöglicht es dem Makaken, die wahrgenommene Handlung nicht nur als eine Körperbewegung zu erkennen, die auf ein Objekt bestimmter Größe und Form gerichtet ist, sondern auch die Absicht des anderen zu verstehen. Das geschieht, indem es die wahrgenommene Handlung mit dem im eigenen Handlungsrepertoire enthaltenen kongruenten Handlungsmuster abgleicht und das mit diesem Muster verbundene unmittelbare Ziel identifiziert, nämlich das Objekt zu ergreifen. Ist der Kontext der Handlung eindeutig, kann es sogar das weiterreichende Ziel identifizieren, z. B. das Objekt zu essen. Damit kann der Makake vorhersehen, was der andere Makake mit seiner Handlung erreichen will. In dem Augenblick, in dem er wahrnimmt, dass der andere seine Hand nach dem Objekt ausstreckt, signalisiert ihm bereits sein Spiegelneuronensystem, dass dieser beabsichtigt, es zu ergreifen, um es ggf. zu essen. Dabei muss die Kongruenz keineswegs immer so strikt wie in diesem Beispiel sein. Es gibt auch Spiegelneuronen, die feuern, wenn die Handlung eine bloße Ähnlichkeit mit einem Handlungsmuster hat. Gänzlich unbekannte Handlungen können durch Nachahmung in das eigene Handlungsrepertoire integriert werden, so dass sie sich zukünftig ebenfalls simulieren lassen.

Der Mensch hat diesen organischen Mechanismus von den Primaten geerbt. Wie zahlreiche neurologische Studien bestätigen, hat auch er in seinem Gehirn ein Spiegelneuronensystem, durch das er die Handlungen anderer sensomotorisch verstehen kann (Fogassi et al. 2005; Gallese 2003; Hamilton & Grafton 2006; Iacoboni 2011; Iacoboni et al. 2005; Mukamel et al. 2010; Overwalle & Baetens 2009; Rizzolatti & Sinigaglia 2008; Zaboura 2009). Bei den Menschen müssen die wahrgenommenen Handlungen ebenfalls mit dem Handlungsrepertoire einigermaßen kongruent und die Kontexte eindeutig sein. Dann kann dieses System die unmittelbaren und weiterreichenden Ziele identifizieren. Zudem scheint es bei den Menschen noch weitere Funktionen zu erfüllen, etwa an Gesichtsbewegungen die Emotionen anderer abzulesen und als neuronale Basis von Sprechakten zu fungieren. Mit gutem Grund wird es auch in Verbindung mit dem Konzept der Intentionalität gebracht (Fusar-Poli et al. 2010).

Man darf also davon ausgehen, dass es eben jene Leistungen erbringt, die Weber das *„aktuelle"* Verstehen des gemeinten Sinns von Handlungen genannt hat, seien diese nun „irrational" wie ein „Zornausbruch, der sich in Gesichtsausdruck, Interjektionen, irrationalen Bewegungen manifestiert", oder „rational" wie das „Verhalten eines Holzhackers oder jemandes, der nach der Klinke greift, um die Tür zu schließen, oder der auf ein Tier mit dem Gewehr anlegt" (Weber 1980: 3–4). Man darf ebenfalls davon ausgehen, dass dieses System *nicht* fähig ist, die Motive der Handelnden zu verstehen, also das zu leisten, was Weber das *„erklärende"* oder *„motivationsmäßige"* Verstehen genannt hat, das den Sinnzusammenhang erfasst, in den, seinem gemeinten Sinn nach, ein aktuell verständliches Handeln hineingehört (Weber 1980: 4). Dafür muss das kognitive System (mentalizing system) aktiv werden, das komplementär zum Spiegelneuronensystem arbeitet (Brass et al. 2007; Liepelt et al. 2008; Overwalle 2009; Overwalle & Baetens 2009). Diese organischen und mentalen Mechanismen sind die Basis von Webers „Konzept der soziologischen Kausaler-

klärung", und wer über das „neuronale Korrelat" dieses Konzepts schreibt (Nollmann 2006), sollte es tunlichst auch zur Kenntnis nehmen.

Einstellungen, Summen sozialer Handlungen und soziale Beziehungen

Das Spiegelneuronensystem und das kognitive System des Gehirns erbringen demzufolge jenes „gegenseitige Verstehen", das die wechselseitige Bezugnahme und
Orientierung der Handelnden und damit nicht nur soziales Handeln, sondern auch
„alle sozialen Beziehungen" ermöglicht (Weber 1980: 23). Für Weber ist eine soziale Beziehung „ein seinem Sinngehalt nach aufeinander gegenseitig *eingestelltes*
und dadurch orientiertes Sichverhalten mehrerer" (Weber 1980: 13). Das setzt voraus, dass sich die Beteiligten nicht nur einmal, sondern wiederholt dem gemeinten
Sinn ihrer Handlungen nach auf die Handlungen anderer beziehen und ihre eigenen
Handlungen an den Abläufen der Handlungen der anderen orientieren. Mit „kontinuierlicher *Wiederkehr*" dieses sinnentsprechenden sozialen Handelns stellen sie sich
hinsichtlich ihrer weiteren Handlungen aufeinander ein, und zwar insofern, als sie
voneinander „erwarten", dass sie weiterhin dem gemeinten Sinn ihrer Handlungen
nach handeln werden (Weber 1980: 14).

Weber wurde nicht müde zu betonen, dass er diesbezüglich jede „substanzielle"
Konnotation vermeiden möchte. Für ihn „*besteht*" eine soziale Beziehung „ausschließlich und lediglich in der *Chance*, daß ein seinem Sinngehalt nach in angebbarer Art aufeinander eingestelltes Handeln stattfand, stattfindet oder stattfinden wird"
(Weber 1980: 13). Mit anderen Worten, die soziale Beziehung besteht, solange eine
„mehr oder weniger große *Wahrscheinlichkeit*" vorliegt, dass „auf Grund einer bestimmt gearteten Einstellung bestimmter Menschen in einer [...] angebbaren Art
gehandelt wird" (Weber 1980: 14). Tatsächlich bezieht Weber eine reduktionistische
Position, denn er führt die soziale Beziehung restlos auf das soziale Handeln und die
gegenseitigen „Einstellungen" der Beteiligten zurück (Weber 1980: 14).

Diese Einstellungen beinhalten neben den Motiven der Beteiligten deren wechselseitige Erwartungen, dem gemeinten Sinn ihrer Handlungen nach zu handeln, aber
auch, worauf Wolfgang Stegmüller aufmerksam gemacht hat, die eigene Bereit-
schaft, dem gemeinten Sinn seiner Handlungen nach zu handeln. Stegmüller sprach
diesbezüglich von der „Disposition" der Beteiligten, auch morgen noch in sinnent-
sprechender Weise zu handeln (Stegmüller 1979: 83–84). Dieser Vorschlag trifft den
Sachverhalt nicht nur insofern, als solche Dispositionen tatsächlich nur probabilisti-
sche Aussagen über mutmaßliches Handeln ermöglichen, sondern auch, weil sie als
Bestandteile von Einstellungen zu den mentalen Eigenschaften gehören, die sich als
dispositionale Eigenschaften im Sinne kausaler Kräfte konzipieren lassen. Solche
Eigenschaften verleihen den Individuen die Kraft, Wirkungen hervorzubringen, eine
Kraft, die man als eine den Eigenschaften innewohnende Propensität begreifen kann,

d. h. als eine reale, im Sinne einer objektiven Wahrscheinlichkeit mehr oder weniger starke Tendenz, eine Wirkung hervorzubringen (Popper 1959; 1995).

Wenn wir also Einstellungen als Komplexe von Motiven, Erwartungen und Dispositionen im angegebenen Sinne auffassen ($e = \{M, E, D\}$), dann lässt sich das Schema sozialen Handelns in ein Schema sozialer Beziehung überführen. Dabei gilt für jedes einzelne Individuum I, dass seine auf das soziale Handeln anderer Individuen bezogene Einstellung $e = m_1$ in Form einer *vom-Mentalen-zum-Mentalen*-Verursachung eine sinnentsprechende Handlungsabsicht m_2 wiederholt hervorbringt, die ihrerseits in Form einer *vom-Mentalen-zum-Physikalischen*-Verursachung eine sinnentsprechende soziale Handlung p_3 wiederholt hervorbringt. Diese sozialen Handlungen aller beteiligten Individuen ergeben eine Summe im Sinne Simmels. Simmel hatte bekanntlich postuliert: „Gesellschaft ist nur der Name für die Summe dieser Wechselwirkungen", und weil „Gesellschaft" für ihn bereits „da existiert, wo mehrere Individuen in Wechselwirkung treten" (Simmel 1989: 131; 1992: 17), ist folglich jede soziale Beziehung für ihn Gesellschaft und damit eine Summe von Wechselwirkungen im Sinne sozialer Handlungen.

Dabei dürfte Simmel den Begriff der Summe nicht wie heute üblich im additiven Sinne gemeint haben, sondern dem Sprachgebrauch der in den letzten drei Jahrzehnten des 19. Jahrhunderts entwickelten naiven Mengenlehre entsprechend als Vereinigung bzw. als Vereinigungsmenge. Der klassischen Definition Georg Cantors zufolge ist eine Menge „jede Zusammenfassung M von bestimmten wohlunterschiedenen Objekten m unsrer Anschauung oder unseres Denkens (welches die ‚Elemente' von M genannt werden) zu einem Ganzen" (Cantor 1895: 481). Freilich haben wir es nicht mit beliebigen Objekten zu tun, die eines Aktes der Zusammenfassung bedürften, sondern mit sozialen Handlungen, die zwar ebenso wohlunterschieden voneinander sind, sich aber auch darin gleichen, dass sie ihrem Sinngehalt nach aufeinander eingestellte und dadurch bereits zusammenhängende Körperbewegungen sind, die mit fortgesetzter Wiederholung den Handelnden wie von selbst als Elemente einer Menge vorkommen.

Da wir es mit mindestens zwei Individuen zu tun haben, die wiederholt sinnentsprechende soziale Handlungen p_3 hervorbringen, haben wir es zunächst auch mit mindestens zwei Mengen M und N zu tun:

$I_1 p_3^{1...n} \in M$ (die sozialen Handlungen $p_3^{1...n}$ von Individuum I_1 sind Elemente von M)

$I_2 p_3^{1...n} \in N$ (die sozialen Handlungen $p_3^{1...n}$ von Individuum I_2 sind Elemente von N)

Die Vereinigungsmenge $\cup$ aus zwei Mengen erhält man nun durch die Zusammenfassung aller Elemente, die in der einen Menge M *oder* in der anderen Menge N enthalten sind, wobei das *oder* nicht ausschließend zu verstehen ist:

$p_3 \in M \cup N$, wenn $p_3 \in M$ oder $p_3 \in N$

Abb. 6: Vereinigungsmenge von *M* und *N*

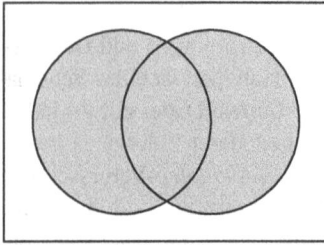

In diesem Sinne als Vereinigungsmenge ist eine soziale Beziehung eine Summe aufeinander eingestellter sozialer Handlungen. Dies widerspricht Webers wahrscheinlichkeitstheoretischer Perspektive keineswegs, dass eine soziale Beziehung ausschließlich und lediglich in der Chance besteht, dass ein seinem Sinngehalt nach aufeinander eingestelltes Handeln stattfand, stattfindet oder stattfinden wird. Denn die Wahrscheinlichkeitstheorie ist mengentheoretisch formulierbar (Mittag 2011: 113–117). Soziales Handeln lässt sich als ein zufallsabhängiger Ablauf konzipieren, der bei Wiederholung trotz gleicher Bedingungen zu unterschiedlichen Ergebnissen führen kann. Die Handlungen als die möglichen Ergebnisse dieses Ablaufs lassen sich in der Menge Ω als der Vereinigungsmenge $\cup$ der Mengen *M* und *N* zusammenfassen und auf ihre Wahrscheinlichkeit hin untersuchen.

Dieser ganze Zusammenhang lässt sich nun am Beispiel zweier Handelnder folgendermaßen illustrieren:

Abb. 7: Soziale Beziehung

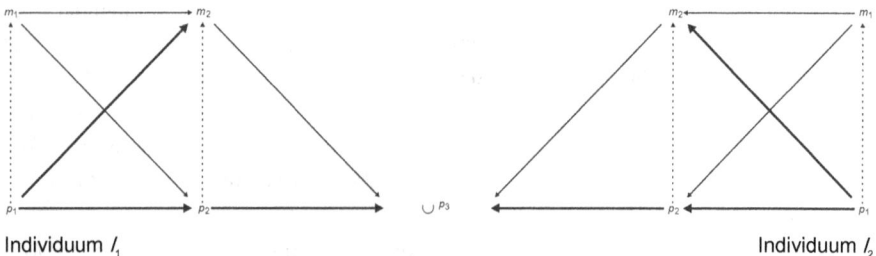

Individuum I_1 Individuum I_2

Weber zufolge sind alle sozialen Beziehungen, von Zweierbeziehungen bis hin zu komplexen „sozialen Gebilden", „lediglich Abläufe und Zusammenhänge spezifischen Handelns *einzelner* Menschen" (Weber 1980: 6). In diesem Sinne spricht er auch davon, dass das aufeinander eingestellte soziale Handeln die soziale Beziehung „konstituiert" (Weber 1980: 23). Als Abläufe und Zusammenhänge sozialen Handelns einzelner Menschen sind soziale Beziehungen nicht ablösbar von den physikalischen Eigenschaften der Bewegungen der Körper und den mentalen Eigenschaften der Gehirne der Menschen, die sie hervorgebracht haben und an die sie insofern zurückgebunden bleiben, als die Kontinuität wechselseitiger Einstellungen die Chance ihres Bestehens garantiert. Wichtig sind in diesem Zusammenhang auch das Spiegelneuronensystem und das kognitive System als die organischen Mechanismen, die aktuelles und motivationales Verstehen und damit überhaupt erst *soziales* Handeln ermöglichen. In der Forschung wird Webers Position denn auch zu Recht als „reduktiver Individualismus" bezeichnet (Greve 2006: 38; 2008; Greshoff 2006; Heintz 2004).

Für Weber sind soziale Beziehungen *Abläufe und Zusammenhänge* spezifischen Handelns einzelner Menschen. Damit unterscheidet er – wie seit Comte üblich (Comte 1907a; 1907b; 1911) – eine prozessurale von einer strukturellen bzw. eine dynamische von einer statischen Dimension. Eine soziale Beziehung ist insofern Struktur, als die sozialen Handlungen, welche sie konstituieren, aufeinander eingestellt sind und dadurch zusammenhängen. Eine soziale Beziehung ist insofern Prozess, als die sozialen Handlungen, welche sie konstituieren, in kontinuierlicher Wiederkehr ablaufen. Weder Simmel noch Bourdieu haben diese beiden Dimensionen sauber voneinander getrennt. Simmel sprach in beiderlei Hinsicht von „Formen" der Wechselwirkung (Simmel 1992: 23), was mit Webers Position als überholt gelten darf. Bourdieu favorisierte die strukturelle Dimension zulasten der prozessuralen, wodurch er sich selbst im Wege stand, den „strukturalen Zwang" präzise zu fassen, der eine „*Struktur der objektiven Beziehungen* zwischen den Akteuren" eines „Raums" zu einem „Kräftefeld" macht (Bourdieu 1998: 20–21).

3.3.2   Soziale Beziehungen als Abläufe sozialer Handlungen (Prozesse)

Kraftfelder als normative Kräfte des Faktischen

Beginnen wir also mit der prozessuralen Dimension, d. h. mit den Abläufen aufeinander eingestellter sozialer Handlungen. Wenn Individuen ihre sozialen Handlungen im gleich gemeinten Sinn fortgesetzt wiederholen und wenn andere Individuen diese sozialen Handlungen im gleich gemeinten Sinn nachahmen, dann entstehen Regelmäßigkeiten in den Einstellungen der Handelnden und damit auch in den Abläufen ihres sozialen Handelns (Weber 1980: 14). Diese Regelmäßigkeiten sind für Weber der eigentliche Gegenstand der Soziologie. Tatsächlich zielte er mit seiner Definition von Soziologie als einer Wissenschaft, „welche soziales Handeln deutend verstehen und dadurch in seinem Ablauf und seinen Wirkungen ursächlich erklären will" (Weber 1980: 1), nicht auf einzelne Handlungen im Sinne historisch bedeutsamer Haupt- und Staatsaktionen. Deswegen hätte er seine Definition auch folgendermaßen formulieren können: Soziologie soll heißen eine Wissenschaft, welche regelmäßiges (aufeinander eingestelltes) soziales Handeln in seinem regelmäßig gleich gemeinten Sinn deutend verstehen und dadurch in seinem Ablauf und seinen Wirkungen ursächlich erklären will.

Wenn und soweit nun die „Chance einer *Regelmäßigkeit* der Einstellung sozialen Handelns" innerhalb eines „Kreises" von Menschen „*lediglich* durch tatsächliche Uebung" besteht, dann liegt ein „*Brauch*" vor; beruht diese Übung auf „langer *Eingelebtheit*", wird der Brauch als „*Sitte*" bezeichnet (Weber 1980: 15). Die Menschen üben sich in einer solchen Einstellung sozialen Handelns „freiwillig, sei es einfach ‚gedankenlos' oder aus ‚Bequemlichkeit' oder aus welchen Gründen immer", wobei jeder einzelne von ihnen die gleiche Einstellung aus den gleichen Gründen bei den anderen gewärtigen kann (Weber 1980: 15). Tatsächlich wird von „niemandem ‚verlangt'", dass er diese Übung „mitmache"; es gibt nichts „Geltendes" im Sinne einer Regel bzw. Norm, daher besteht in diesem Sinne auch keine „Verbindlichkeit", sich dieser Regelmäßigkeit anzupassen (Weber 1980: 15).

Dass Weber die Sitte metaphorisch als eine zwar „*nicht* äußerlich garantierte Regel", aber dennoch als eine „Regel" bezeichnete (Weber 1980: 15), hat offenbar damit zu tun, dass er etwas an ihr fand, das man mit Georg Jellinek als „normative Kraft des Faktischen" bezeichnen kann: „Die fortdauernde Übung erzeugt die Vorstellung des Normmäßigen dieser Übung" (Jellinek 1960: 338–339). Dafür spricht, dass Weber zwei weitere „Gründe" für die lange Eingelebtheit der Sitte ins Spiel brachte, nämlich die schiere Regelmäßigkeit und die massenhafte Verbreitung der eingeübten sozialen Handlungen. Seines Erachtens kann die „bloße Tatsache" ihrer „regelmäßigen Wiederkehr" Handlungen „äußerst leicht zur Dignität von etwas normativ Gebotenem" verhelfen (Weber 1980: 191–192). Die gleiche Wirkung kann die bloße Tatsache ihrer großen Zahl haben. Als ein „Massenhandeln" ist eine Sitte insofern auch ein „massen*bedingtes* Handeln", als man es nicht nur wiederholt und nachahmt, weil es bequem ist und man sich damit „Unzuträglichkeiten" ersparen möchte, sondern auch, weil es normativ geboten erscheint, da es „bei zahlreichen Handelnden verbreitet" ist und die „Mehrzahl [...] nun einmal mit dem Bestehen der Sitte rechnet und darauf eingestellt ist" (Weber 1980: 187, 11, 14, 16). Diesbezüglich könnte man eine verbreitete Analogie benutzen und von einer „kritischen Masse" sprechen, die erreicht sein muss, damit eine Menge sozialer Handlungen hinreicht, um als normativ geboten zu erscheinen (Addis 2007; Ball 2005; Schelling 2006; Westland 2010).

Ein faktischer Ablauf sozialen Handelns kann aufgrund der schieren Regelmäßigkeit und massenhaften Verbreitung seiner sozialen Handlungen normative Kraft erheischen, und zwar dadurch, dass er im Zuge tatsächlicher *Übung* in den Menschen die Vorstellung hervorbringt, dass so, wie regelmäßig von sehr vielen Menschen eines Kreises gehandelt wird, *üblicherweise* – im Sinne von *in der Regel* – gehandelt wird.

Als eine mentale Eigenschaft kann diese Vorstellung ihrerseits zur Kontinuierung der Einstellung beitragen und zu einem „Mitbestimmungsgrund" des Handelns werden (Weber 1982: 339). Mit anderen Worten, die Vorstellung, dass ein Ablauf sozialen Handelns *üblich* ist, kann zu einer Ursache werden, in dieser *üblichen Weise* (weiter) zu handeln.

Ein solcher faktischer Ablauf sozialen Handelns lässt sich nun bereits als ein Kraftfeld im Sinne Bourdieus konzipieren. Erinnern wir uns an dieses Zitat:

"The agents [...] create, through their relationships, the very space that determines them, although it only exists through the agents placed in it, who, to use the language of physics, 'distort the space in their neighbourhood', conferring a certain structure upon it. It is in the relationship between the various agents (conceived as 'field sources') that the field and the relations of force that characterize it are generated" (Bourdieu 2004: 33).

Tatsächlich bringen die Menschen ein solches Kraftfeld selbst hervor. Denn es sind mentale Eigenschaften (m_1, m_2), die aufgrund ihrer Identität mit physikalischen Eigenschaften (p_1, p_2) die kausale Kraft haben, einen Ablauf aufeinander eingestellter sozialer Handlungen hervorzubringen. Diese Handlungen bilden nun als Körperbewegungen insofern ein Kraftfeld, als jede einzelne Handlung (p_3) aufgrund ihrer Identität mit physikalischen Eigenschaften die kausale Kraft hat, nicht nur in ihrer Singularität Wirkungen hervorzubringen, sondern auch in ihrer Eigenschaft als Element einer Menge regelmäßig wiederkehrender und massenhaft verbreiteter Handlungen. In diesem Sinne kann man mit Simmel einen Ablauf sozialen Handelns als eine „wirksame Summe" von Körperbewegungen konzipieren (Simmel 1992: 24). Es ist diese wirksame Summe, die den sogenannten „strukturalen Zwang" einer sozialen Beziehung ausmacht (Bourdieu 1998: 21).

Diese Wirkung geschieht in Form einer *vom-Physikalischen-zum-Mentalen*-Verursachung auf dem Wege der Wahrnehmung. Jede Wahrnehmung folgt einem „Kategorisierung" genannten organischen und mentalen Mechanismus, den die Menschen im Zuge der Evolution von ihren tierischen Vorfahren geerbt haben (Lakoff & Johnson 1999: 17–20; Medin & Aguilar 1999; Thompson & Oden 2000; Quadflieg et al. 2011). Durch Kategorisierung wird ein Phänomen nicht in seiner wohlunterschiedenen Besonderheit, sondern aufgrund seiner sinnenfälligen Gleichheit mit anderen Phänomenen in verallgemeinerter Form wahrgenommen, z. B. als Exemplar einer Art. Ist das Phänomen ein Mensch, so bringt ihn diese „Verallgemeinerung" als „Mitglied" eines „Kreises" von Menschen zur Wahrnehmung: „Wir sehen den anderen nicht schlechthin als Individuum, sondern als Kollegen oder Kameraden oder Parteigenossen, kurz als Mitbewohner derselben besonderen Welt" (Simmel 1992: 48–50). Ist das Phänomen eine soziale Handlung eines Menschen aus einem „Kreis"

aufeinander eingestellter Menschen (Weber 1980: 15), so bringt sie diese Verallgemeinerung als Element einer Menge sozialer Handlungen zur Wahrnehmung. In der
Soziologie bezeichnet man diese Verallgemeinerung als „Typisierung" (Berger &
Luckmann 2003: 33–36), während der Kreis von Menschen und die Menge ihrer
sozialen Handlungen jeweils „Typus" genannt werden (Simmel 1992: 48–49; Weber
1980: 9–11, 14).

Eine als Element einer Menge $\cup^{p3}$ regelmäßig wiederkehrender und massenhaft
verbreiteter sozialer Handlungen wahrgenommene Körperbewegung $p_3{}^1$ eines Individuums I_1 bringt im wahrnehmenden Individuum I_2 eine aus einer physikalischen
Eigenschaft p_4 bestehende Supervenienzbasis und eine darauf supervenierende mentale Eigenschaft m_3 hervor, nämlich die Vorstellung, dass so, wie regelmäßig von
sehr vielen Menschen eines Kreises gehandelt wird, üblicherweise gehandelt wird.

Abb. 8: Vom-Physikalischen-zum-Mentalen-Verursachung

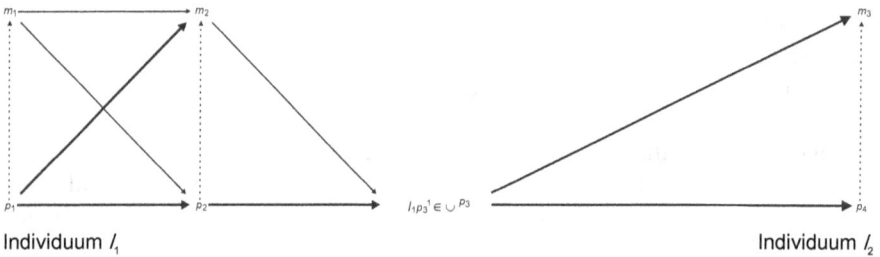

Dazu verhilft bereits das Spiegelneuronensystem, dessen Leistungsvermögen gerade
im aktuellen Verstehen solcher Handlungen besteht, die als „familiar and frequently
executed" (Overwalle & Baetens 2009: 565) bzw. als „stereotypic" (Liepelt et al.
2008: 784) bezeichnet werden. Zusammen mit dem kognitiven System bringt das
Spiegelneuronensystem eine neuronale Struktur als physikalische Eigenschaft p_4
hervor, auf der die Vorstellung vom üblichen Handeln als mentale Eigenschaft m_3
superveniert. Auf diesem Wege der Wahrnehmung von $p_3{}^1$ als Element einer Menge
$\cup^{p3}$ verursacht $\cup^{p3}$ ein p_4 und ein m_3, das die Einstellung m_1 kontinuieren und das
soziale Handeln mitbestimmen kann. Dies gilt natürlich wechselseitig für jedes
Individuum des Kreises:

Abb. 9: Soziale Beziehung/Ablauf/Sitte

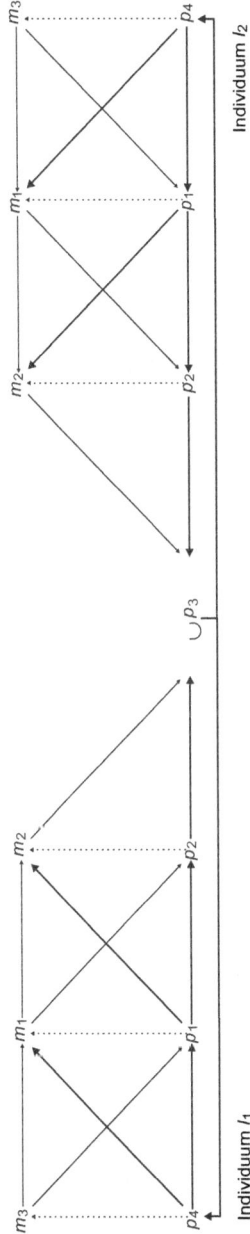

Neben dem Motiv als dem „Bestimmungsgrund" sozialer Handlungen gibt es mit
der Vorstellung vom Üblichen, die dieses Kraftfeld hervorbringt, einen „Mitbestimmungsgrund" dieses Handelns (Weber 1980: 12–13; 1982: 339). Während der Bestimmungsgrund jedem Menschen eigen und insofern verschieden von den Bestim-
mungsgründen der anderen sein kann, haben die Beteiligten den gleichen Mitbestimmungsgrund, und zwar insofern, als jeder einzelne von ihnen mit seiner Vorstellung,
dass so, wie regelmäßig von sehr vielen Menschen eines Kreises gehandelt wird,
üblicherweise bzw. in der Regel gehandelt wird, die gleiche mentale Eigenschaft m_3
hat. Man kann auch von „geteilten" mentalen Eigenschaften sprechen (Decety &
Sommerville 2003).

Kraftfelder als normative Kräfte von Ordnungen

Eine Sitte ist ein schwaches Kraftfeld. Sie erscheint zwar insofern als eine Regel, als
ihr faktischer Ablauf aufgrund der schieren Regelmäßigkeit und massenhaften Verbreitung seiner sozialen Handlungen normative Kraft erheischt. Aber es gibt nichts
„Geltendes" im Sinne einer Norm, so dass in diesem Sinne auch keine Verbindlichkeit besteht, sie zu befolgen. Allerdings ist die Sitte für Weber die Basis aller Norm-
bildung: „Ueberall ist das tatsächlich Hergebrachte der Vater des Geltenden gewesen"
(Weber 1980: 15). Dabei wird offensichtlich die normative Kraft des Faktischen zur
Norm erhoben: „Faktische Regelmäßigkeiten *des* Verhaltens (,Sitte') können […]
Quelle der Entstehung von Regeln *für* das Verhalten (,Konvention', ,Recht') wer-
den" (Weber 1980: 195).

Weber zufolge ist der „Uebergang" von der Sitte „zur geltenden *Konvention* und
zum *Recht* […] absolut flüssig" (Weber 1980: 15, 187–188). Bei manchen Sitten
bringt ihr faktischer, normative Kraft erheischender Ablauf zusätzlich zu der Vorstellung, dass so, wie gehandelt wird, üblicherweise gehandelt wird, ein „zunächst zweifellos vages und dumpf empfundenes ,Einverständnis'" dahingehend hervor, dass so,
wie üblicherweise gehandelt wird, auch gehandelt werden soll, so dass diese „ge-
wohnte Art des Handelns" eine „Verbindlichkeit" gewinnt (Weber 1980: 188). Ein
solches „*Einverständnis*" empfinden die Menschen, sobald sie mit einer gewissen
Wahrscheinlichkeit voneinander erwarten können, dass sie, ohne dies vereinbart zu
haben, einen Ablauf sozialen Handelns als „sinnhaft ,gültig'" für ihr Handeln betrachten werden (Weber 1982: 456). Im Duktus des Deutschen Idealismus formuliert, haben
sie *Ein* Verständnis von einem Sachverhalt, und zwar insofern, als jeder Beteiligte
empfindet, dass auch die anderen damit einverstanden sind, einen Ablauf sozialen
Handelns als verbindlich für das eigene Handeln zu begreifen. Neuerdings versucht
man „Einverständnis" als „kollektive Intentionalität" zu konzipieren (Schmid &
Schweikard 2009: 27–29). Dagegen spricht nichts, solange man damit keine Vorstellung eines Kollektivs meint oder das Konzept begriffsrealistisch hypostasiert. Diese

Abb. 10: Soziale Beziehung/Ablauf/Konvention und Recht

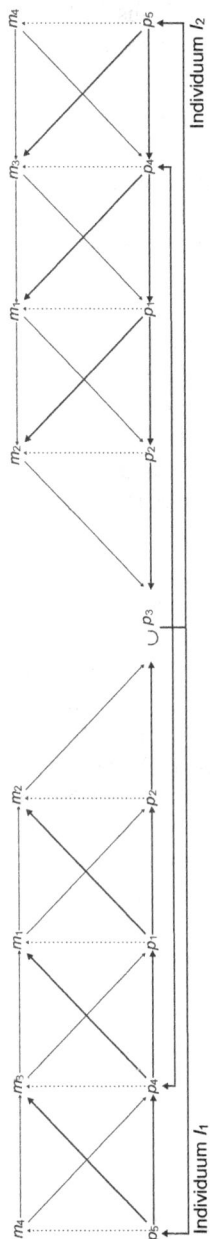

Intentionalität ist nur insofern „kollektiv", als mehrere Individuen die gleiche durch eine *vom-Physikalischen-zum-Mentalen*-Verursachung über die physikalische Supervenienzbasis p_5 hervorgebrachte intentionale mentale Eigenschaft m_4 haben. Indem auf der mentalen Ebene zu der Vorstellung m_3, dass so, wie gehandelt wird, üblicherweise gehandelt wird, das Einverständnis m_4, dass so, wie üblicherweise gehandelt wird, auch gehandelt werden soll, hinzukommt, entsteht eine Norm bzw. Regel. Die mentalen Eigenschaften m_4 und m_3 ergeben zusammen eine Vorstellung von etwas, das verbindlich stattfinden soll. Diese Sollvorstellung kann zu einem Mitbestimmungsgrund der sozialen Handlungen werden und damit neben dem Motiv als dem Bestimmungsgrund zu einer Ursache dieser Handlungen. Weber sprach diesbezüglich auch von einer „Maxime" des Handelns im Sinne einer „das Handeln von Menschen kausal mitbestimmenden Vorstellung von etwas, das sein *soll*" (Weber 1980: 16; 1982: 347). Generell sind Normen bzw. Regeln für Weber keine ideelen Wesenheiten, sondern Sollvorstellungen im Sinne mentaler Eigenschaften, die bei mehreren Individuen gleich sind bzw. von ihnen geteilt werden. Ein Gesetzeswerk z. B. löst sich seines Erachtens „in einen Komplex von Maximen in den Köpfen bestimmter empirischer Menschen auf, welche deren faktisches Handeln und durch sie indirekt das anderer kausal beeinflussen" (Weber 1982: 348).

Wenn sich aufeinander eingestellte Menschen in ihrem sozialen Handeln nach einer solchen Maxime richten, d. h. wenn sie ihr Handeln von einer Norm bzw. Regel mitbestimmen lassen, dann nimmt der Sinngehalt ihrer sozialen Beziehung den Charakter einer „*Ordnung*" an (Weber 1980: 16). Die „Chance", dass sie sich tatsächlich nach ihr richten, soll Weber zufolge „Geltung" dieser Ordnung heißen (Weber 1980: 16). Wenn und soweit also die Chance einer Regelmäßigkeit der Einstellung sozialen Handelns innerhalb eines Kreises von Menschen nicht nur durch tatsächliche Übung gegeben ist, sondern auch, weil sich diese Menschen nach mindestens einer Maxime richten, dann liegt eine Ordnung vor. Diese Ordnung kann nach Konvention und Recht unterschieden werden, je nach der Form, in der die Norm bzw. Regel äußerlich garantiert wird. Von „*Konvention*" spricht man, wenn die Geltung der Ordnung „äußerlich garantiert" wird „durch die Chance, bei Abweichung innerhalb eines angebbaren Menschenkreises auf eine (relativ) allgemeine und praktisch fühlbare *Mißbilligung* zu stoßen"; von „*Recht*", wenn die Geltung der Ordnung „äußerlich garantiert" wird „durch die Chance (physischen oder psychischen) *Zwanges* durch ein auf Erzwingung der Innehaltung oder Ahndung der Verletzung gerichtetes Handeln eines *eigens* darauf eingestellten *Stabes* von Menschen" (Weber 1980: 17; Diaz-Bone 2011; Raiser 2009).

Während die Sitte insofern ein schwaches Kraftfeld ist, als ihr faktischer Ablauf aufgrund der schieren Regelmäßigkeit und massenhaften Verbreitung der sozialen Handlungen normative Kraft lediglich erheischt, sind die Konvention und das Recht stärkere Kraftfelder. Denn nun gibt es Normen bzw. Regeln, die als Maximen das soziale Handeln mitbestimmen können, das dadurch selbst eine normative Qualität erhält. Zur normativen Kraft des Faktischen, die sich aus der Regelmäßigkeit und Massenhaftigkeit der sozialen Handlungen speist, kommt die normative Kraft der Normen hinzu, die sich in der äußerlich garantierten Ordnungsmäßigkeit (d. h. Norm- bzw. Regelgemäßheit) dieser Handlungen und damit in ihrer Verbindlichkeit und Vorbildlichkeit zur Geltung bringt.

Diese Handlungen bilden als Körperbewegungen insofern ein Kraftfeld, als jede einzelne Handlung aufgrund ihrer Identität mit physikalischen Eigenschaften die kausale Kraft hat, nicht nur in ihrer Singularität Wirkungen hervorzubringen, sondern auch in ihrer Eigenschaft als Element einer Menge ordnungsgemäßer Handlungen. Ebenso wie bei der Sitte geschieht diese Wirkung in Form einer *vom-Physikalischen-zum-Mentalen*-Verursachung auf dem Wege kategorisierender Wahrnehmung. Jede als Element einer Menge $\cup^{p_3}$ ordnungsgemäßer sozialer Handlungen wahrgenommene Körperbewegung $p_3{}^1$ eines Individuums I_1 generiert bzw. verstärkt im wahrnehmenden Individuum I_2 ein bzw. das Einverständnis m_4, dass so, wie faktisch gehandelt wird, gehandelt werden soll. Dies gilt natürlich wechselseitig für jedes Individuum des Kreises. Nicht anders als ihre Regelmäßigkeit und Massenhaftigkeit wird die Ordnungsmäßigkeit sozialer Handlungen also von den Handelnden wahrgenommen, was auf sie (zurück)wirkt und die Wahrscheinlichkeit erhöht, dass sie sich (weiter) nach der Maxime richten, d. h. ihr soziales Handeln von ihr mitbestimmen lassen. In diesem Sinne kann man mit Simmel auch und gerade einen ordnungsgemäßen Ablauf sozialen Handelns als eine „wirksame Summe" von Körperbewegungen konzipieren (Simmel 1992: 24). Auch hier ist es diese wirksame Summe, die den sogenannten „strukturalen Zwang" einer sozialen Beziehung ausmacht (Bourdieu 1998: 21).

Ergänzend sei hinzugefügt, dass es für Weber neben der Sitte zwei weitere faktische Abläufe sozialen Handelns gibt, die aufgrund der Regelmäßigkeit und Massenhaftigkeit ihrer sozialen Handlungen normative Kraft erheischen können. Wie die Sitte ist die Mode ein Brauch, aber sie steht im Gegensatz zu deren langer Eingelebtheit, denn bei ihr ist die „Tatsache der *Neuheit* des betreffenden Verhaltens Quelle der Orientierung des Handelns" (Weber 1980: 15). Kein Brauch ist andererseits die „*Interessenlage*", die gegeben ist, wenn und soweit die Chance einer Regelmäßigkeit der Einstellung sozialen Handelns innerhalb eines Kreises von Menschen „*lediglich*" durch „gleichartige *Erwartungen*" hinsichtlich der Erlangung eines Vorteils besteht (Weber 1980: 15). In demselben Sinne wie die Sitte sind die Mode und die Interessenlage schwache Kraftfelder.

Kraftfelder statt nomoi

Fassen wir nun zusammen: Eine Gesellschaft im Sinne Simmels bzw. eine soziale Beziehung im Sinne Webers ist eine Summe aufeinander eingestellter sozialer Handlungen. Diese Handlungen werden von einzelnen Menschen hervorgebracht und wirken in ihrem jeweiligen, Sitte, Mode, Interessenlage, Konvention und Recht genannten Ablauf auf die Handelnden zurück, indem sie ihre Einstellungen kontinuieren und die Fortsetzung ihres Handelns mitbestimmen. Mit Simmel und Bourdieu gesprochen, werden die Wechselwirkungen der Menschen von solchen Kraftfeldern mitbestimmt. Dabei gibt es in einer Gesellschaft bzw. in einer sozialen Beziehung zu einem Zeitpunkt t_1 nicht nur ein einziges Feld, sondern mehrere Felder. Simmel hat zwar gezeigt, dass Kreise mittlerer Größe die Domäne der Konventionen sind, weil die Anonymität noch nicht so groß ist, dass einem die Missbilligung der anderen gleichgültig sein könnte, während größere Kreise die Domäne des Rechts sind, das nur regelt, was für das Zusammenleben sehr vieler Menschen unabdingbar ist (Simmel 1992: 77–82). Dennoch gibt es, um im Duktus der Rollentheorie zu sprechen (Dahrendorf 1977: 35–42), in jedem Kreis Sitten, Moden und Interessenlagen, denen die Menschen folgen können, Konventionen, die sie befolgen sollten, sowie das Recht, das sie befolgen müssen. Insofern haben wir es stets mit einer Gesamtmenge von Teilmengen sozialer Handlungen zu tun.

Allein Bourdieu neigte diesbezüglich zu einer Entdifferenzierung und ebnete die in einer sozialen Beziehung wirkenden Felder zu *einem* Feld ein. Die Folge war, dass er weniger die einzelnen „Regeln" analysierte, die in einer sozialen Beziehung (z. B. im Kunstbetrieb) gelten, als vielmehr einem „nomos" nachspürte, der die differentia specifica dieser sozialen Beziehung als „autonomes" Feld anderen Feldern gegenüber markieren soll: „*nomos* stammt von dem Verb *nemo* ab, das bedeutet: eine Trennung, eine Teilung vornehmen; der Begriff wird gewöhnlich mit ‚Gesetz' wiedergegeben, aber genau genommen bezeichnet er das, was ich das grundlegende Sicht- und Teilungsprinzip nenne, das für jedes Feld charakteristisch ist" (Bourdieu 2001a: 104, 107, 353–360; 2001b: 51). Dass er dadurch die soziologische mit einer gleichsam geopolitischen Perspektive überfrachtete, war ihm offenbar nicht klar:

„Das griechische Wort für die erste, alle folgenden Maßstäbe begründende Messung, für die erste Landnahme als die erste Raum-Teilung und – Einteilung, für die Ur-Teilung und Ur-Verteilung ist: Nomos. […] Nomos […] kommt von *nemein*, einem Wort, das sowohl ‚Teilen' wie auch ‚Weiden' bedeutet. Der Nomos ist demnach die unmittelbare Gestalt, in der die politische und soziale Ordnung eines Volkes raumhaft sichtbar wird, die erste Messung und Teilung der Weide, d. h. die Landnahme und die sowohl in ihr liegende wie aus ihr folgende konkrete Ordnung" (Schmitt 1950: 36, 39–40).

Bourdieus Vorgehen ist weniger schlimm, was die Verräumlichung des Feldes betrifft, denn dieses lässt sich im Sinne von Kontiguität als ambientes Medium begreifen. In dieser Hinsicht gibt es übrigens schon Vorarbeiten (Iberall 1985). Schwerer wiegt, dass er einen Sachverhalt, der in seinem historischen Kontext durchaus nachvollziehbar ist, verabsolutierte. Tatsächlich ist er über seinen eigenen prototypischen Gegenstand gestolpert, d. h. über das literarische Feld des l'art pour l'art, dessen Genese und Struktur er so eingehend wie kein anderes Feld untersucht hat (Bourdieu 2001a). Die Entstehung des Ästhetizismus in der zweiten Hälfte des 19. Jahrhunderts war insofern ein Prozess der Autonomisierung der Kunst, als es Schriftstellern wie Charles Baudelaire um die Aufsprengung der synthetisch-harmonischen Denk- und Lebensform des Bürgertums ging, das eine Einbettung der Kunst in die Gesellschaft und ihre Normen verlangt hatte, welche durch die Bindung des Schönen an das Wahre und Gute verwirklicht werden sollte (Kondylis 1991: 61). Indem sie die Kunst aus dieser Synthese herauslösten, spielten sie jedoch der analytisch-kombinatorischen Denk- und Lebensform der Massendemokratie in die Hände, die die Kunst ihrer Autonomie schon bald wieder entkleiden sollte, um sie mit der Warenwelt des Massenkonsums zu vermischen und vollends in eine Ware zu verwandeln (Kondylis 1991: 242).

Für das Feld der Wissenschaft gilt im Übrigen das Gleiche. Es ist kein Zufall, dass sich Weber in seiner Rede „Wissenschaft als Beruf" u. a. auf Baudelaire, den Bourdieu zum „Gesetzgeber" des literarischen Feldes erklären sollte (Bourdieu 2001a: 103), bezogen hatte, um zu begründen, „daß etwas wahr sein kann, obwohl und indem es nicht schön und nicht heilig und nicht gut ist" (Weber 1982: 604). Auch diese Autonomisierung, die man la science pour la science nennen könnte, sollte nicht von Dauer sein, wie Schlagworte wie „modus 2-Wissenschaft" und „Wissensgesellschaft" sowie das sogenannte „New Public Management" der Universitäten belegen (Bok 2003; Geiger 2004; Nowotny 1999; Nowotny et al. 2004; Slaughter & Leslie 1997; Weingart 2005). Die Felder sind also nicht autonom, aber in ihnen gibt es Regeln, die sich in ihrer kausalen Wirksamkeit analysieren lassen.

3.3.3 Soziale Beziehungen als Zusammenhänge sozialer Handlungen (Strukturen)

Anziehung und Abstoßung

Damit kommen wir zur strukturellen Dimension, d. h. zum Zusammenhang, in dem soziale Handlungen dadurch stehen, dass sie aufeinander eingestellt sind. Für Simmel und Bourdieu walten diesbezüglich „Kräfte der Anziehung und Abstoßung" (Simmel 1992: 723; Bourdieu 2001a: 29). Diesem Gegensatz entsprechend kann der Sinngehalt einer sozialen Beziehung auch für Weber der „allerverschiedenste" sein,

darum sagt der Begriff der sozialen Beziehung seiner Meinung nach „*nichts* darüber:
ob ‚Solidarität' der Handelnden besteht oder das gerade Gegenteil" (Weber 1980:
13). Weber unterschied demzufolge Solidaritätsbeziehungen, die er „Vergemeinschaftung" und „Vergesellschaftung" nannte, von unsolidarischen Beziehungen, die
er als „Kampf" und „Konkurrenz" bezeichnete (Weber 1980: 20–23).

Eine soziale Beziehung ist dann eine Vergemeinschaftung, wenn „die Einstellung
des sozialen Handelns […] auf subjektiv *gefühlter* (affektueller oder traditionaler)
Zusammengehörigkeit der Beteiligten beruht" (Weber 1980: 21). Die mentalen
Eigenschaften, die sie hervorbringen, sind Gefühle oder Gewohnheiten. Eine soziale
Beziehung ist dann eine Vergesellschaftung, wenn „die Einstellung des sozialen
Handelns auf rational […] motiviertem Interessen*ausgleich* oder auf ebenso moti-
vierter Interessen*verbindung* beruht" (Weber 1980: 21). Die mentalen Eigenschaften,
die sie hervorbringen, sind Interessen, die man im Benehmen mit anderen verfolgt.

Eine soziale Beziehung ist dann Kampf, wenn die Einstellung des sozialen Handelns
auf der „Durchsetzung des eignen Willens gegen Widerstand des oder der Partner"
basiert (Weber 1980: 20). Die mentalen Eigenschaften, die eine solche soziale Beziehung hervorbringen, können sowohl Gefühle und Gewohnheiten als auch im
weitesten Sinne Interessen sein. Die eingesetzten Mittel können mehr oder weniger
friedlich sein. Weber nannte einen friedlichen Kampf dann Konkurrenz, wenn er als
„Bewerbung um eigne Verfügungsgewalt über Chancen geführt wird, die auch andre
begehren" (Weber 1980: 20). Hier können ebenfalls emotionale, traditionale und
rationale Motive die soziale Beziehung hervorbringen.

Bourdieus verräumlichender Perspektive zufolge ist eine soziale Beziehung in erster
Linie ein „Kampffeld", in dem um „*Macht*" gekämpft wird, so dass sogar von einem
„Macht-Feld" die Rede ist (Bourdieu 2001a: 30–31). Für Bourdieu ist „Macht"
ebenso wie für Weber die „Chance, innerhalb einer sozialen Beziehung den eigenen
Willen auch gegen Widerstreben durchzusetzen, gleichviel worauf diese Chance
beruht" (Weber 1980: 28). Diese Chance kann auf den verschiedensten Eigenschaften der Menschen beruhen, die Bourdieu als relationale Eigenschaften konzipierte.
Seines Erachtens wird jeder Mensch durch die Position geprägt, die er in der sozialen Struktur innehat. Durch Sozialisation erwirbt jedes Kind ein „Habitus" genanntes
„System dauerhafter *Dispositionen*", das seine Wahrnehmung, sein Denken, Fühlen,
Sprechen und Handeln bis hin zu seiner Körperhaltung und Gangart mehr oder weniger dauerhaft prägen wird (Bourdieu 1976: 165; Krais & Gebauer 2002). Zur Illustration verwies er auf die Differenzierung der sozialen Struktur in Aristokratie,
Großbürgertum, Mittelklasse, Kleinbürgertum und Proletariat (Bourdieu 1987).

In solchen ambienten Milieus erwerben die Menschen zudem mehr oder weniger
„Kapital", und zwar nicht nur ökonomisches, sondern auch kulturelles, soziales und

symbolisches Kapital (Bourdieu 1997). Während das ökonomische Kapital alles umfasst, was in Geld konvertiert oder in Eigentumsrechten institutionalisiert werden kann, umfasst das kulturelle Kapital drei Dimensionen: eine objektivierte (Bücher, Gemälde, etc.), eine institutionalisierte (Titel, Positionen, etc.) sowie eine internalisierte Dimension, die sich direkt aus dem Habitus ergibt und sämtliche Eigenschaften beinhaltet, die man sich durch Bildung einverleiben kann. Das soziale Kapital ist „die Gesamtheit der aktuellen und potentiellen Ressourcen, die mit dem Besitz eines dauerhaften Netzes von mehr oder weniger institutionalisierten *Beziehungen* gegenseitigen Kennens oder Anerkennens verbunden sind; oder, anders ausgedrückt, es handelt sich dabei um Ressourcen, die auf der *Zugehörigkeit zu einer Gruppe* beruhen" (Bourdieu 1997: 63). Symbolisches Kapital ist keine eigene Kapitalsorte, „sondern das, was aus jeder Art Kapital wird, das als [...] legitim anerkannt wird"; demzufolge kann man auch von „*symbolischen Effekten des Kapitals*" sprechen, die als „Prestige" oder „Ehre" bezeichnet werden können (Bourdieu 2001c: 311).

Mit ihren verschiedenen Dispositionen und Ressourcen an Kapital kämpfen die Menschen darum, die Verteilungsstruktur des Kapitals zu ihren Gunsten zu verändern, um noch mehr Macht erlangen und schließlich den nomos des Feldes (mit)bestimmen zu können. Dabei ist Bourdieu davon ausgegangen, dass sie immer schon vergemeinschaftet oder vergesellschaftet sind und sich im Zuge ihrer Kämpfe auch weiterhin vergemeinschaften oder vergesellschaften werden. Das impliziert, dass sie ihre sozialen Handlungen nicht nur aneinander orientieren, sondern auch aufeinander abstimmen. Tatsächlich hat Weber den Begriff der „Orientierung" recht „unspezifisch" benutzt (Stegmaier 2007: 121), so dass angenommen werden darf, dass die wechselseitige „Einstellung", die soziale Beziehungen konstituiert, auch den Aspekt der „Handlungskoordinierung" umfasst (Schluchter 2009: 128; 2006: 270).

Eine solche Handlungskoordinierung leisten Sitten, Moden, Interessenlagen, Konventionen und das Recht. Die Menschen orientieren ihre sozialen Handlungen nicht nur an den sozialen Handlungen der anderen, sondern haben immer auch Vorstellungen davon, wie in der Regel gehandelt wird bzw. zu handeln ist, so dass sie ihr Handeln dementsprechend aufeinander abstimmen können. Sind Konventionen im Spiel, wird die Handlungskoordinierung von den Menschen des Kreises kontrolliert, die die jeweiligen Handlungen wahrnehmen. Ist Recht im Spiel, wird die Handlungskoordinierung von einem Leiter und ggf. einem Verwaltungsstab kontrolliert, den man durch Einverständnis oder Einigung mit der Durchführung der Ordnung betraut hat. Dann ist die soziale Beziehung ein „*Herrschaftsverband*", in dem der Leiter ggf. mit Hilfe eines Verwaltungsstabs zum Zwecke der Innehaltung der Ordnung „Herrschaft" ausübt, d. h. mit Erfolg die „Chance" für sich reklamiert, „für einen Befehl bestimmten Inhalts bei angebbaren Personen Gehorsam zu finden" (Weber 1980:

28–29). Diese Chance basiert auf Kraftfeldern, d. h. entweder auf einem überkommenen Gewohnheitsrecht oder einem durch Interessenausgleich bzw. Interessenverbindung zustande gekommenen positiven Recht, so dass die Herrschaft legitimiert ist entweder „kraft Glaubens an die Heiligkeit der von jeher vorhandenen Ordnungen und Herrengewalten" (traditionale Herrschaft) oder „kraft Satzung", d. h. kraft Glaubens an die Legalität der Gesetze (legale Herrschaft) (Weber 1982: 478, 475). Wenn es nicht um die Innehaltung einer bestehenden Ordnung, sondern um die Begründung einer neuen Ordnung geht, bringt Weber „Charisma" ins Spiel, d. h. besondere mentale Eigenschaften wie „magische Fähigkeiten, Offenbarungen oder Heldentum, Macht des Geistes und der Rede", die Menschen zu Führerpersönlichkeiten qualifizieren, deren Herrschaft „kraft affektueller Hingabe" an diese Personen (charismatische Herrschaft) legitimiert ist (Weber 1982: 481). Diesbezüglich kann von einem Kraftfeld nicht die Rede sein. Allerdings wirkt derselbe Mechanismus wie bei den Moden, nämlich die „emotionale Hingenommenheit" durch das „ewige Neue, Außerwerktägliche, Niedagewesene" (Weber 1982: 481).

Soziale Objekte

Durch Handlungskoordinierung sind die sozialen Beziehungen, die Weber im weitesten Sinne als „soziale Gebilde" und Simmel im weitesten Sinne als „Gruppen" bezeichnete (Weber 1980: 6; Simmel 1989: 131), zu kollektivem Handeln fähig. Damit ist „joint action" gemeint, d. h. „any form of social interaction whereby two or more individuals coordinate their actions in space and time to bring about a change in the environment" (Sebanz et al. 2006: 70). Hervorgebracht von einer Konfiguration von Individuen, die *„komplexe Objekte"* sind, sind solche sozialen Beziehungen ihrerseits komplexe Objekte, da sie als ganze mit ihrer Umwelt interagieren und signifikante Wirkungen hervorbringen, durch die sie sich von ihrer Umwelt abgrenzen (Esfeld & Sachse 2010: 97–98). Simmel hat in diesem Sinne darauf hingewiesen, dass es „nicht nur menschliche Personen" sind, „deren Wechselwirkung die Gesellschaft konstituiert, sondern es können auch ganze Gruppen sein, die mit andern zusammen wieder eine Gesellschaft ergeben":

> „Ist doch auch das physikalische und chemische Atom kein einfaches Wesen im Sinne der Metaphysik, sondern absolut genommen immer weiter zerlegbar; aber für die Betrachtung der betreffenden Wissenschaften ist dies gleichgültig, weil es thatsächlich als Einheit *wirkt*; so kommt es auch für die sociologische Betrachtung nur sozusagen auf die empirischen Atome an, auf Vorstellungen, Individuen, Gruppen, die als Einheiten wirken, gleichviel ob sie an und für sich noch weiter teilbar sind" (Simmel 1989: 131).

Wie die Reihung „Vorstellungen, Individuen, Gruppen" bereits erkennen lässt, ist damit nicht gemeint, dass Gruppen als komplexe Objekte automatisch Subjekte im

Sinne handelnder Kollektivpersönlichkeiten wären, denn Vorstellungen als komplexe Objekte sind ebenfalls keine Handlungssubjekte. Noch entschiedener als Simmel hat Weber darauf insistiert, dass als Handlungssubjekte nur „*einzelne* Menschen" in Betracht kommen, denn nur sie können „verständliche Träger von sinnhaft orientiertem Handeln" sein (Weber 1980: 6). Weber hat auf die „Eigenart nicht nur der Sprache, sondern auch unseres Denkens" hingewiesen, „daß die Begriffe, in denen Handeln erfaßt wird, dieses im Gewande eines beharrenden Seins, eines dinghaften oder ein Eigenleben führenden ‚personenhaften' Gebildes, erscheinen lassen" (Weber 1982: 439). Für die Jurisprudenz ist es durchaus zweckmäßig, soziale Gebilde wie Staaten, Genossenschaften, Aktiengesellschaften oder Stiftungen „genau so zu behandeln, wie Einzelindividuen (z. B. als Träger von Rechten und Pflichten oder als Täter *rechtlich* relevanter Handlungen)" (Weber 1980: 6). Für die Soziologie sind solche Gebilde „lediglich Abläufe und Zusammenhänge spezifischen Handelns *einzelner* Menschen", und folglich ist es ihre Aufgabe, diese Gebilde „auf ‚verständliches' Handeln, und das heißt ausnahmslos: auf Handeln der beteiligten Einzelmenschen, zu reduzieren" (Weber 1980: 6; 1982: 439).

„Wenn sie von ‚Staat' oder von ‚Nation' oder von ‚Aktiengesellschaft' oder von ‚Familie' oder von ‚Armeekorps' oder von ähnlichen ‚Gebilden' spricht, so meint sie damit vielmehr *lediglich* einen bestimmt gearteten Ablauf tatsächlichen [...] sozialen Handelns Einzelner [...]. Die Deutung des Handelns muß von der grundlegend wichtigen Tatsache Notiz nehmen: daß jene dem Alltagsdenken oder dem juristischen (oder anderem Fach-)Denken angehörigen Kollektivgebilde *Vorstellungen* von etwas teils Seiendem, teils Geltensollendem in den Köpfen realer Menschen [...] sind, an denen sich deren Handeln *orientiert*, und daß sie als solche eine ganz gewaltige, oft geradezu beherrschende, kausale Bedeutung für die Art des Ablaufs des Handelns der realen Menschen haben. Vor allem als Vorstellungen von etwas Gelten- (oder auch: *Nicht*-Gelten-)*Sollendem*. (Ein moderner ‚Staat' besteht zum nicht unerheblichen Teil deshalb in dieser Art: – als Komplex eines spezifischen Zusammenhandelns von Menschen, – *weil* bestimmte Menschen ihr Handeln an der *Vorstellung* orientieren, *daß* er bestehe oder so bestehen *solle*: daß also Ordnungen von jener juristisch-orientierten Art *gelten*. [...])" (Weber 1980: 6–7).

In eben diesem Sinne hat Jahrzehnte später Anthony Quinton soziale Beziehungen als „social objects" konzipiert (Quinton 1975). Gegen die Annahme von Kollektivpersönlichkeiten mit eigenem Geist hat er in einer Weise, die zu Simmels Konzeption von Gesellschaft als Summe von Wechselwirkungen passt, eine „summative" Position vertreten, derzufolge Aussagen, in denen man Gruppen bestimmte Eigenschaften zuschreibt, äquivalent sind mit Aussagen, in denen man diese Eigenschaften einzelnen Individuen zuschreibt: „to say that the *A* group is *F* is to say that all or most or the most influential people who are *A* are *F*" (Quinton 1975: 9).

"We do, of course, speak freely of the mental properties and acts of a group in the way we do of individual people. Groups are said to have beliefs, emotions and attitudes and to take decisions and make promises. But these ways of speaking are plainly metaphorical. To ascribe mental predicates to a group is always an indirect way of ascribing such predicates to its members. With such mental states as beliefs and attitudes the ascriptions are of what I have called a summative kind. To say that the industrial working class is determined to resist anti-trade-union laws is to say that all or most industrial workers are so minded. Where groups are said to decide or promise the statements in question are institutional: the reference is to a person or persons authorized to take decisions or enter into undertakings on behalf of the group" (Quinton 1975: 17).

In der „heutigen Debatte" um kollektive Intentionalität, „wo Gruppen mitunter durchaus ein ‚eigener Geist' zugestanden wird", werden reduktionistische Positionen, wie sie Weber und Quinton vertreten haben, angeblich „mit guten Gründen relativiert" (Schmid & Schweikard 2009: 28 mit Bezug auf Pettit 2009). In der Tat gibt es einen umfangreichen Diskurs zu dieser Thematik, der trotz aller philosophischen Raffinesse gleichwohl unterkomplex ist, weil er die einschlägige Literatur der Sozialwissenschaften nur am Rande und der Neurowissenschaften so gut wie gar nicht rezipiert. Bezeichnenderweise kommen Ansätze, die einen Gruppengeist konzipieren möchten, nicht ohne Metaphern und Analogien aus, so z. B. bei der Konstruktion einer Beziehung der Supervenienz zwischen „the attitudes and actions of a group" und „the contributions of its members": „The rational agency of the group must 'supervene' on the group members' individual contributions – in analogy to the way in which, on standard accounts, the rational agency of an individual human being supervenes on certain physical processes in this human being's brain and body" (List & Pettit 2011: 66; 2008: 76). Dabei bleibt letztlich nicht nur unklar, wie mentale Eigenschaften auf mentalen Eigenschaften und Handlungen auf Handlungen supervenieren können, sondern auch, wie ein Gruppengeist physikalisch realisiert sein könnte. Im Grunde ist man nicht über Durkheim hinaus, der Ende des 19. Jahrhunderts dieselbe „Analogie" benutzt hatte, um das Hinzukommen „kollektiver Vorstellungen" zu „individuellen Vorstellungen" zu erklären (Durkheim 1976: 45–46). Derlei philosophische Konstruktionen müssen akademisch bleiben, solange man keine Rücksprache bei den Sozialwissenschaften und besonders bei den Neurowissenschaften nimmt, die zeigen, was in Sachen „joint action" an organischen und mentalen Eigenschaften überhaupt möglich ist (Decety & Sommerville 2003; Decety et al. 2004; Decety & Grèzes 2006; Knoblich & Jordon 2002; 2003; Kokal et al.

2009; Newman-Norlund et al. 2007; Rilling et. al. 2002; Rilling et al. 2007; Sebanz et al. 2006; Wolpert et al. 2003). Alles in allem erscheint die Theorie kollektiver Zwecke von Seumas Miller am anschlussfähigsten an das Programm einer sozialen Physik (Miller 2001; 2003; 2009).

Soziale Relationen, Holismus und Strukturenrealismus

Quinton dachte nicht metaphorisch, sondern metonymisch. Für ihn ist eine Gruppe ein reales Ganzes im Sinne einer Summe aufeinander bezogener Individuen, die seine Teile sind. Dabei hatte er einen sozialen Holismus im Sinn, denn er betonte, dass manche der Eigenschaften, die man diesen Individuen zuschreibt, mehr oder weniger explizit auf die Gruppe referieren. So referiert die Eigenschaft „is patriotic" auf die Nation, weswegen sie Quinton nicht als „natural property of an individual" im Sinne einer intrinsischen Eigenschaft, sondern als „relational property" konzipierte: „the other term of the relation is itself a social object. To say that X is patriotic is to say something like 'X is much concerned for the welfare of his country'" (Quinton 1975: 23). Da die Nation als soziales Objekt für Quinton in einer Summe aufeinander bezogener, mithin sozial handelnder Individuen besteht, ist mit dieser relationalen Eigenschaft F („is patriotic") ein holistischer Zusammenhang dieser Individuen gemeint, und zwar in dem Sinne, dass jedes Individuum, das F ist, insofern es F ist, generisch ontologisch davon abhängig ist, dass es mit irgendwelchen anderen Individuen, die G sind (wobei $G = F$ sein kann), in einer solchen Weise arrangiert ist, dass es eine Nation gibt (Esfeld 2002: 24, 33). Dies ist völlig vereinbar mit dem soziologischen Verständnis von Nation, demzufolge eine Nation eine auf der Erinnerung an gemeinsame politische Schicksale (Kämpfe auf Leben und Tod) basierende große Solidargemeinschaft von Individuen ist, deren moralisches Empfinden („Pathos") sich entweder auf einen bestehenden oder einen ersehnten Staat richtet (Anderson 1996; Schulze 1999; Weber 1980: 514–515, 527–530). Quinton bezeichnete solche relationalen Eigenschaften denn auch als soziale Eigenschaften („social predicates") (Quinton 1975: 24).

Tatsächlich ist Quinton sogar von einem für Menschen fundamentalen sozialen Holismus ausgegangen, indem er moralisches Empfinden in primären Gruppen und rationales Denken in Sprachgemeinschaften verankerte (Quinton 1975: 14). Wie erinnerlich, ist ein System genau dann holistisch, wenn seine Teile hinsichtlich einiger der für sie konstitutiven Eigenschaften generisch ontologisch davon abhängig sind, dass es andere Teile gibt, mit denen sie ein Ganzes bilden. In diesem Sinne ist z. B. eine Familie ein holistisches System, denn die Individuen als seine Teile sind hinsichtlich ihrer für Menschen konstitutiven Eigenschaft, moralisch empfinden zu können, generisch ontologisch davon abhängig, dass es andere Individuen gibt, mit denen sie eine solche Gemeinschaft bilden. Ein Individuum für sich allein kann nicht mitfühlen. In demselben Sinne ist eine Sprachgemeinschaft ein holistisches System, denn die Individuen als seine Teile sind hinsichtlich ihrer für Menschen konstitutiven Eigenschaft, sprechen zu können, generisch ontologisch davon abhängig, dass es andere Individuen gibt, mit denen sie eine solche Gemeinschaft bilden. Ein Individuum für sich allein kann keine propositionalen Einstellungen einnehmen. Nimmt man die seit Johann Gottfried Herder verbreitete These hinzu, dass Denken an Sprache gebunden ist, lässt sich behaupten, dass ein Individuum für sich allein nicht einmal rational denken kann (Herder 1978). Daher ist auch auf dieser Ebene physikalischer Komplexität von einem Holismus auszugehen (Esfeld 2002: Kap. 2–5; 2003; 2005: Kap. IX–XII; Schützeichel 2008).

Um solche konstitutiven Eigenschaften zu haben, müssen sich die Menschen immer schon in Gesellschaft befunden haben. Tatsächlich meinte Simmel, wenn er von der Entstehung von Gesellschaft sprach, nicht ihren „überhaupt ersten, historisch unergründlichen Anfang", sondern vielmehr einen Prozess, der „jeden Tag und zu jeder Stunde geschieht; fortwährend knüpft sich und löst sich und knüpft sich von neuem die Vergesellschaftung unter den Menschen, ein ewiges Fließen und Pulsieren, das die Individuen verkettet" (Simmel 1992: 33). Der „entwicklungsgeschichtlichen Weltanschauung" gemäß konnte er annehmen, dass sowohl menschliche Organismen als auch menschliche Gesellschaften evolutionäre Produkte sind (Simmel 1989: 127). Demzufolge evolvieren aus Primatengesellschaften menschliche Gesellschaften, welche die Menschen zu moralischem Empfinden und rationalem Denken befähigen und in vielfältiger Weise ihren Habitus prägen. In diesem Sinne sind menschliche Gesellschaften und Menschen ontologisch gleichursprünglich. Bezeichnenderweise scheint an der Entwicklung beider Funktionen das Spiegelneuronensystem beteiligt gewesen zu sein (Arbib 2005; Aziz-Zadeh et al. 2006; Gallese & Lakoff 2005; Gazzola et al. 2006; Rizzolatti & Arbib 1998; Rizzolatti & Sinigaglia 2008).

Ebenso wie auf der fundamentalen physikalischen Ebene hinsichtlich der Eigenschaften fundamentaler physikalischer Systeme gibt es auf dieser Ebene physikalischer Komplexität intrinsische und relationale Eigenschaften. Einerseits gibt es mentale Eigenschaften (z. B. Schmerzen), die insofern intrinsisch sind, als sie jedes Individuum unabhängig davon haben kann, ob es andere Individuen gibt oder nicht. Andererseits gibt es mentale Eigenschaften (z. B. Überzeugungen), die insofern relational sind, als sie jedes Individuum nur dann haben kann, wenn es andere Individuen gibt, mit denen es zu einem Gesamtsystem verschränkt ist. Diese ontologische Abhängigkeit der Individuen ist keine rigide, sondern eine generische, denn es müssen keine bestimmten anderen, sondern nur irgendwelche anderen Individuen sein.

Man kann Quintons Vorschlag durchaus folgen und die relationalen mentalen Eigenschaften als soziale Eigenschaften bezeichnen, die als mentale Eigenschaften freilich ebenso wie die intrinsischen mentalen Eigenschaften auf organischen Eigenschaften supervenieren. In diesem Sinne kann man von sozial-mentalen Eigenschaften sprechen. Als soziale Eigenschaften bezeichnen kann man auch die durch (sozial-) mentale Eigenschaften einer Mehrzahl von Individuen hervorgebrachten relationalen Eigenschaften der Abläufe sozialen Handelns, d. h. die Regelmäßigkeit, Massenhaftigkeit, Ordnungsmäßigkeit und damit Vorbildlichkeit und Verbindlichkeit sozialer Handlungen, mit dem Unterschied freilich, dass diese unmittelbar durch organische und letztlich physikalische Konfigurationen von Eigenschaften realisiert werden. In diesem Sinne kann man von sozial-physikalischen Eigenschaften sprechen.

Ähnlich wie der Quanten-Holismus auf der fundamentalen physikalischen Ebene lässt sich der soziale Holismus als moderater Strukturenrealismus explizieren. Eine soziale Struktur (eine Gesellschaft im Sinne Simmels bzw. eine soziale Beziehung im Sinne Webers) ist ein Netz konkreter Relationen zwischen konkreten Individuen. Auch dieser Strukturenrealismus ist in doppelter Hinsicht moderat, weil er etwas anerkennt, das in den Relationen steht, und weil diese Relata intrinsische Eigenschaften haben können. Freilich haben auch diese Relata keine ontologische Priorität gegenüber den Relationen, weil die Eigenschaften, die für sie konstitutiv sind, relationale Eigenschaften sind. Die Weisen, in der diese Relata existieren, werden nicht nur durch intrinsische, sondern auch und vor allem durch relationale Eigenschaften festgelegt. Diese relationalen Eigenschaften sind es auch, welche die konkreten Relationen zwischen den Individuen festlegen. Diese Relationen kann man durchaus als kausale Strukturen konzipieren, wenn man ihren „strukturalen Zwang" auf ein Kraftfeld im Sinne einer „wirksamen Summe" aufeinander eingestellter sozialer Handlungen zurückführt (Bourdieu 1998: 21; Simmel 1992: 24).

Wenn Individuen nicht nur intrinsische, sondern auch relationale Eigenschaften haben, dann lässt sich auch auf dieser Ebene kein Atomismus bzw. Substanzialismus mehr vertreten, für den eine Gesellschaft letztlich aus einer Vielzahl unabhängiger Individuen mit ausschließlich intrinsischen Eigenschaft besteht, die festlegen, ob und welche Relationen bestehen. Auf einem solchen Konzept von Individualität basierte die bürgerliche Gesellschaft noch im 19. Jahrhundert (Kondylis 1991). Für sie hatte, wie in ihren Bildungsromanen nachzulesen ist, jedes Individuum einen festen substanziellen Kern, der sich im Laufe seines Lebens trotz aller Fährnisse zur Entfaltung brachte. Die in Literatur und Kunst, aber auch in der Philosophie und den Wissenschaften engagierten Protagonisten der Ende des 19. Jahrhunderts entstehenden massendemokratischen Gesellschaft beseitigten das Konzept bürgerlicher Individualität nicht zufälligerweise dadurch, dass sie das Individuum in Relationen bzw. Funktionen auflösten: „die innerlich aufgelöste Person ist als Mitglied einer Gesellschaft nur ein schwacher, identitätsloser und anonymer Punkt" (Kondylis 1991: 84).

Damit schließt sich der Kreis: Es ist das Verdienst von Simmel und Bourdieu, mit der Abkehr vom Substanzdenken ernst gemacht und den Blick auf Relationen bzw. Funktionen gerichtet zu haben. Zwar können Individuen durchaus intrinsische mentale Eigenschaften haben, aber diese sind in soziologischer Hinsicht offensichtlich mehr oder weniger vernachlässigbare Größen. Dem „modernen Relativismus" entsprechend, der das „Einzelne und Substanzielle in Wechselwirkungen" auflöst, ist ein Individuum „nur der Ort, an dem sich soziale Fäden verknüpfen, die Persönlichkeit nur die besondere Art, auf die dies geschieht" (Simmel 1992: 14). Dieser Diagnose trägt der Begriff des Habitus Rechnung, in dem Bourdieu mit gutem Grund den Komplementärbegriff des Feldes erkennt, denn auch hinsichtlich des Individuums gilt: „Ich muß mich vergewissern, ob nicht das Objekt, das ich mir vorgenommen habe, in ein Netz von Relationen eingebunden ist, und ob es seine Eigenschaften nicht zu wesentlichen Teilen diesem Relationennetz verdankt" (Bourdieu & Wacquant 2006: 262). Es ist sehr zu begrüßen, dass die jüngere „relationale Soziologie" an diese Sachlage konstruktiv anknüpft (Emirbayer 1997; Häußling 2008; 2010; Mische 2011; Mützel & Fuhse 2010).

4   Die epistemologische Dimension

Vom ontologischen zum epistemologischen Reduktionismus

Dem Prinzip der kosmischen Evolution entsprechend, sind alle makroskopischen Systeme aus Quantensystemen entstanden und aus Quantensystemen zusammengesetzt (Chaisson 2002; Esfeld 2011a: 77–78, 125; Esfeld & Sachse 2010: 45, 77–92). Quantensysteme bringen kraft ihrer physikalischen Eigenschaften Konfigurationen von Quantensystemen hervor, die man als Moleküle bezeichnet. Moleküle bringen kraft ihrer molekularen Eigenschaften Konfigurationen von Quantensystemen hervor, die man als Zellen bezeichnet. Zellen bringen kraft ihrer zellulären Eigenschaften Konfigurationen von Quantensystemen hervor, die man als Organismen bezeichnet. Organismen bringen kraft ihrer organischen und mentalen Eigenschaften Konfigurationen von Quantensystemen hervor, die man als Gesellschaften bezeichnet. Dabei entstehen keine verschiedenen Stufen des Seins, sondern es entsteht ein Kontinuum, das man in Ebenen zunehmender physikalischer Komplexität einteilten kann. Tatsächlich *referieren* die Begriffe (Molekül, Zelle, Organismus, Gesellschaft), mit denen man die Systeme auf diesen Komplexitätsebenen bezeichnet, allesamt auf Konfigurationen von Quantensystemen, während die *Bedeutung* dieser Begriffe im Rahmen der Theorien der für die jeweilige Ebene zuständigen Einzelwissenschaften (Chemie, Biologie, Psychologie, Soziologie) festgelegt wird (Esfeld 2011a: 128–129).

Das Prinzip der kosmischen Evolution ist mit den Prinzipien der kausalen und nomologischen Vollständigkeit des physikalischen Bereichs vereinbar (Esfeld 2011a: 124). Folglich haben alle physikalischen Eigenschaften in dem Maße, in dem sie Ursachen haben, physikalische Ursachen; und sie fallen in dem Maße, in dem sie unter Gesetze fallen, unter physikalische Gesetze. Die auf physikalischen Eigenschaften supervenierenden molekularen, zellulären, organischen, mentalen und sozialen Eigenschaften können nur dann wirksam sein, wenn sie mit den physikalischen Eigenschaften jener Konfigurationen von Quantensystemen identisch sind, die diese Eigenschaften realisieren. Ebenso kann es auf jeder Ebene gesetzesmäßige Beziehungen zwischen Eigenschaften nur dann geben, wenn sie mit gesetzesmäßigen Beziehungen auf der physikalischen Ebene identisch sind. Der daraus folgende ontologische Reduktionismus zieht insofern einen epistemologischen Reduktionis-

mus nach sich, als es im Grunde möglich ist, alles, was es in der Welt gibt, mit physikalischen Theorien zu erklären. Zu den Prinzipien der kausalen und nomologischen Vollständigkeit des physikalischen Bereichs kommt demzufolge das Prinzip
der explanatorischen Vollständigkeit dazu. Für alle physikalischen Eigenschaften
gibt es in dem Maße, in dem sie erklärbar sind, eine Erklärung in physikalischen
Begriffen, so dass sich die Begriffe der Theorien der Einzelwissenschaften letztlich
auf die Begriffe der Theorien der Physik reduzieren lassen.

Wenn die Physik alles, was es gibt, erklären kann, stellt sich die Frage, wozu man
dann überhaupt noch die Einzelwissenschaften jenseits der Physik braucht. Diese
Frage lässt sich mit dem Hinweis auf eine Arbeitsteilung zwischen der Physik und
den Einzelwissenschaften beantworten (Esfeld 2011a: 131–133). Während sich die
Physik auf die physikalischen Eigenschaften als solche konzentriert, spezialisieren
sich die Einzelwissenschaften auf die komplexeren Konfigurationen physikalischer
Eigenschaften, die in der kosmischen Evolution wirksam werden. Mit Ausnahme der
Chemie, die sich auch mit der physikalischen Zusammensetzung ihrer Objekte befasst, abstrahieren die anderen Einzelwissenschaften davon, um sich auf die Erklärung der makroskopischen Wirkungen zellulärer, organischer, mentaler und sozialer
Eigenschaften zu konzentrieren. Diese Wirkungen konzipiert man als „Funktionen"
im Sinne „kausaler Rollen", die sie in der kosmischen Evolution spielen (Esfeld
2011a: 132; 2011c).

Dabei muss, wie erinnerlich, nicht jede komplexere Eigenschaft als die gleiche physikalische Konfiguration realisiert sein. Physikalische Konfigurationen, die auf verschiedene Weisen zusammengesetzt sind und mit verschiedenen physikalischen
Begriffen beschrieben werden, können eine komplexere Eigenschaft desselben Typs
realisieren, weil sie als Konfigurationen die gleiche makroskopische Wirkung hervorbringen, d. h. die gleiche Funktion realisieren können. Aufgrund dieser multiplen
Realisierung kommen die makroskopischen Wirkungen, die diese physikalischen
Konfigurationen trotz ihrer verschiedenen physikalischen Zusammensetzungen ge-
meinsam haben, nicht in den Blick der Physik. Vielmehr sind es die Einzelwissenschaften, die dafür ein eigenes Begriffsvokabular im Rahmen eigener Theorien entwickeln. Insofern sichert also die multiple Realisierung der Typen von Eigenschaften,
mit denen sich die Einzelwissenschaften befassen, deren Erkenntniswert (Esfeld &
Sachse 2010: 25).

Die Herausforderung der Physik mündet in keiner Eliminierung der Einzelwissenschaften jenseits der Physik. Versuche, die Einzelwissenschaften dadurch zu begründen, dass man ihren Objekten emergente Eigenschaften zuschreibt, scheitern nicht
nur an der unklaren Bedeutung des Emergenzbegriffs, sondern auch an der Tatsache,
dass solche Eigenschaften Epiphänomene ohne jede Wirkung wären. Daher ist es
falsch, die Einzelwissenschaften der Physik entgegenzusetzen. In der Tradition des

philosophischen Funktionalismus (Fodor 1992) haben Michael Esfeld und Christian Sachse statt dessen die skizzierte Arbeitsteilung vorgeschlagen (Esfeld 2011a; Esfeld & Sachse 2010). Die Einzelwissenschaften beschreiben im Vokabular ihrer Theorien die Funktionen komplexerer Eigenschaften, die in ihren Wirkungen hinsichtlich der Bestandserhaltung und Fitness komplexer Systeme bestehen. Die Physik beschreibt im Vokabular ihrer Theorien die verschiedenen Konfigurationen physikalischer Systeme, die die Wirkungen der komplexeren Eigenschaften hervorbringen, und stellt kausale Erklärungen der als Funktionen konzipierten Wirkungen bereit. Bleibt die Frage zu beantworten, *wie* sich die Begriffe der Theorien der Einzelwissenschaften auf die Begriffe der Theorien der Physik reduzieren lassen.

Die Möglichkeit der multiplen Realisierung der funktional-kausalen Eigenschaften, mit denen die Einzelwissenschaften befasst sind, wird für das prinzipielle Scheitern der Reduzierbarkeit einzelwissenschaftlicher Begriffe auf physikalische Begriffe verantwortlich gemacht. In der Tat werden die herkömmlichen reduktionistischen Ansätze (Lewis 1970; Kim 2005: 93–120; Nagel 1961; Oppenheim & Putnam 1970) dieser Möglichkeit nicht gerecht (Esfeld 2011a: 130–137; Sachse 2007: 89–109, 120–131). Esfeld und Sachse haben daher eine Lösung vorgeschlagen, derzufolge die Reduktion einzelwissenschaftlicher Begriffe durch Bildung funktionaler Sub-Typen erfolgt (Esfeld 2006; 2011a: 137–141; Esfeld & Sachse 2007; 2010; 2011; Sachse 2005; 2007; Soom et al. 2010). Dieses Konzept haben sie an Beispielen aus der Biologie und der Psychologie empirisch bestätigen können. Für die Soziologie sollte es ein Leichtes sein, an dieses Konzept anzuschließen. Denn in ihr gibt es eine funktionalistische Tradition (Alexander 1998; Durkheim 1988; Luhmann 1962; Malinowski 1975; Merton 1995; Parsons 1976; Spencer 1966), die mit dem philosophischen Funktionalismus konvergiert, was man allerdings noch nicht bemerkt hat.

Luhmann hat die bislang fortgeschrittenste Position eines soziologischen Funktionalismus formuliert. Obwohl er in den 1960er Jahren die Entwicklung seiner Theorie mit Ausführungen zum Begriff der Funktion und zur funktionalen Methode begann (Luhmann 1962), hat er weder damals noch später die gleichzeitig in den 1960er Jahren einsetzende Entwicklung des philosophischen Funktionalismus zur Kenntnis genommen. Das ist doppelt schade. Einerseits hätte er seinen Äquivalenzfunktionalismus in einer Weise begründen können, die die Theorie- und Verständnisprobleme vermieden hätte, die aus seiner späteren Rezeption eher esoterischer Philosophien folgen sollten (Merz-Benz & Wagner 2000), nicht zuletzt hinsichtlich des Emergenzproblems (Elder-Vass 2007; Greshoff 2008; Greve 2007). Andererseits hätte der philosophische Funktionalismus von Luhmanns Position profitiert. Denn er hätte über die Natur und den Geist hinaus die Gesellschaft früher in den Blick nehmen und dabei möglicherweise auch schon früher eine Lösung für das durch die multiple Realisierung von Funktionen aufgeworfene Problem epistemologischer Reduktion finden können. Tatsächlich kommt Luhmanns frühe Position, die interessanterweise stark an der Physik orientiert ist, nicht nur diesem Problem, sondern auch seiner Lösung sehr nahe. Im Folgenden sollen der philosophische und soziologische Funktionalismus mit Blick auf diese Thematik nachholend zusammengeführt und auf die Position von Esfeld und Sachse bezogen werden.

Was heißt Äquivalenzfunktionalismus?

Luhmann (1962: 618–619) zufolge definiert die Tradition des soziologischen Funktionalismus in Anlehnung an den biologischen Funktionalismus eine Funktion als eine Leistung, die der Bestandserhaltung eines sozialen Systems dient. Damit charakterisiere sie eine Funktion als eine „besondere Art von Wirkung", der freilich eine „schlichte Kausalbeziehung" des Typs „A bewirkt B" zugrundeliege (Luhmann 1962: 619). Daher habe sie die Analyse von Funktionen der „kausalwissenschaftlichen Methodologie" unterstellt (Luhmann 1962: 619). Mit Bezug auf eine Studie von Carl G. Hempel (1975) wies Luhmann darauf hin, dass an der kausalwissenschaftlichen Methode gemessen die Analyse von Funktionen einen schwächeren Erklärungscharakter hat. Den entscheidenden Hinweis auf diese Erklärungsschwäche hatte Hempel von Robert K. Merton erhalten, der gefordert hatte, die von der Tradition des soziologischen Funktionalismus unterstellte „Unentbehrlichkeit" einer bestimmten Ursache für eine als Funktion konzipierte Wirkung aufzugeben und nach *„funktionalen Äquivalenten"* zu suchen (Merton 1995: 30–31).

Tatsächlich zeigt sich diese Erklärungsschwäche in aller Klarheit, wenn man Hempels Erklärungsmodell systematisiert und um die schlichte Kausalbeziehung „A bewirkt B" ergänzt (Hempel 1975: 145–152; Stegmüller 1969: 566–570; Poser 2001: 54–55). Unter Standardbedingungen soll gelten: Erstens: A bewirkt B. Zweitens: B ist eine notwendige Bedingung für das adäquate Funktionieren eines Systems S zum Zeitpunkt t_1 und damit für seine Bestandserhaltung. Drittens: S funktioniert zum Zeitpunkt t_1 adäquat. Aus diesen drei Prämissen kann nun keineswegs geschlossen werden, dass A in S zum Zeitpunkt t_1 vorkommt. Denn jedes funktionale Äquivalent C, D, E von A würde ebenfalls B bewirken. Geschlossen werden kann nur, dass in S zum Zeitpunkt t_1 ein beliebiges Element aus einer Klasse F, die A oder funktionale Äquivalente von A enthält, vorkommt. Was erklärt wird, ist also nicht das Vorkommen einer bestimmten Ursache, sondern nur das Vorkommen einer von mehreren funktional äquivalenten Ursachen. Mit anderen Worten, es lässt sich nur ein Konditional [*wenn A oder C oder D oder E, dann B*], aber kein Bikonditional [*wenn und nur wenn A, dann B*] formulieren.

Dass das Vorkommen einer bestimmten Ursache für eine als Funktion konzipierte Wirkung mit diesem Modell nicht erklärt werden kann, bringt Luhmann auf den Gedanken, dass in funktionalistischer Hinsicht zwischen Ursachen und Wirkungen generell eine „Unbestimmtheitsrelation" bestehe (Luhmann 1962: 628). Mit dieser Metapher überträgt er das Unbestimmtheitsprinzip (Heisenberg 1927), demzufolge sich Ort und Impuls eines Quantensystems nicht gleichzeitig mit Genauigkeit messen lassen, von physikalischen auf soziale Systeme, um in Analogie zu Ort und Impuls zu behaupten, jedem definiten Wert auf Seiten der Wirkung korrespondiere eine Unschärfe des Wertes auf Seiten der Ursache und jedem definiten Wert auf Seiten der Ursache korrespondiere eine Unschärfe des Wertes auf Seiten der Wirkung. Mit anderen Worten: Ist eine Wirkung der Leitgesichtspunkt, gibt es Luhmann zufolge mehrere mögliche Ursachen. Ist eine Ursache der Leitgesichtspunkt, gibt es seines Erachtens mehrere Wirkungen. Ändert man die Leitgesichtspunkte, verschieben sich die Ergebnisse. Luhmann folgert daraus, dass „eine eindeutige Feststellung einer Ursache und einer Wirkung zugleich" nicht möglich sei (Luhmann 1962: 628). Da jede Analyse von Funktionen einen Leitgesichtspunkt voraussetze, habe man sich daher „entweder auf die Erforschung möglicher Ursachen unter dem Leitgesichtspunkt einer Wirkung oder auf die Erforschung von Wirkungen unter dem Leitgesichtspunkt einer Ursache" zu beschränken (Luhmann 1962: 628). Für Luhmann steht außer Frage, dass er seine Konzentration auf die Erforschung möglicher Ursachen unter dem Leitgesichtspunkt einer Wirkung richten möchte.

Da man in funktionalistischer Hinsicht eine schlichte Kausalbeziehung des Typs „A bewirkt B" seines Erachtens nicht feststellen kann, will Luhmann das von der Tradition des soziologischen Funktionalismus unterstellte „Fundierungsverhältnis von kausaler Beziehung und funktionaler Beziehung" umkehren: „Die Funktion ist nicht ein Sonderfall der Kausalbeziehung, *sondern die Kausalbeziehung ist ein Anwendungsfall funktionaler Ordnung*" (Luhmann 1962: 626). Für ihn ist eine Funktion „keine zu bewirkende Wirkung, sondern ein regulatives Sinnschema, das einen Vergleichsbereich äquivalenter Leistungen organisiert" (Luhmann 1962: 623).

Dabei bezieht er sich auf „die logische und mathematische Funktionentheorie", womit er auch „die Kluft zwischen logisch-mathematischem und sozialwissenschaftlichem Funktionalismus, die bisher einfach hingenommen wurde, überbrücken" will (Luhmann 1962: 624). So ist eine Aussage eine Funktion im Sinne eines regulativen Sinnschemas, in dem das Prädikat einen Leitgesichtspunkt darstellt, der für das Subjekt einen Bereich von Variablen eröffnet, die „nicht beliebig, sondern nur in bestimmter Weise, durch begrenzte Möglichkeiten ausgefüllt werden können", damit die Aussage wahr wird (Luhmann 1962: 624). Zur Illustration bringt Luhmann das Prädikat „ist blau", das man mit Variablen wie „Der Himmel", „Mein Wagen" und „Ein Veilchen" zu einer wahren Aussage vervollständigen kann (Luhmann 1962: 624). Da diese Variablen „Leerstellen" für „äquivalente Ausfüllungsmöglichkeiten" sind, bezeichnet er den Bereich dieser Variablen als „Äquivalenzbereich" (Luhmann 1962: 624). Die Variablen erscheinen nicht nur als „vergleichbar", sondern vielmehr als „gleichwertig, gegeneinander austauschbar, fungibel", mithin als „funktional äquivalent" (Luhmann 1962: 624).

Dies soll Luhmann zufolge auch für jene als „Leistungen" bezeichnete Ursachen einer bestimmten Wirkung gelten, mit denen man sich in der Soziologie beschäftigt. Dass es sich tatsächlich so verhält, zeigt eine entsprechende andere Aussage. Ebenso wie man das Prädikat „ist blau" mit Variablen wie „Der Himmel", „Mein Wagen" und „Ein Veilchen" zu einer wahren Aussage vervollständigen kann, kann man das Prädikat „bewirkt B" mit Variablen wie „A", „C", „D" und „E" zu einer wahren Aussage vervollständigen. Allein, ebenso wie in der ersten Aussage „Der Himmel", „Mein Wagen" und „Ein Veilchen" tatsächlich blau sein müssen, müssen in der zweiten Aussage „A", „C", „D" und „E" tatsächlich Ursachen von B sein, d. h. es muss kausale Beziehungen zwischen A und B, C und B, D und B sowie E und B geben. Nur dann kann von einer Funktion im Sinne eines regulativen Sinnschemas die Rede sein, das einen Vergleichsbereich funktionaler Leistungen organisiert.

Nun ist die Feststellung der Ursächlichkeit von A, C, D und E hinsichtlich B für Luhmann zwar Voraussetzung für die Organisation eines Vergleichsbereichs funktionaler Leistungen. An ihrer Durchführung ist er aber nicht interessiert. Er sieht darin nur ein „methodisches Hilfsmittel", das es ermöglicht, „gleichgeordnete Kausalfaktoren" festzustellen, um deren „funktionale Äquivalenz" erforschen zu können: „Die Frage lautet nicht: Bewirkt A immer (bzw. mit angebbarer Wahrscheinlichkeit) B, sondern: Sind A, C, D, E, in ihrer Eigenschaft, B zu bewirken, funktional äquivalent?" (Luhmann 1962: 628, 636). Damit ist die Fragestellung eines neuen Funktionalismus formuliert, den Luhmann „Äquivalenzfunktionalismus" nennt: „Nicht auf eine gesetzmäßige oder mehr oder weniger wahrscheinliche Beziehung zwischen bestimmten Ursachen und bestimmten Wirkungen kommt es an, sondern auf die *Feststellung der funktionalen Äquivalenz mehrerer möglicher Ursachen unter dem Gesichtspunkt einer problematischen Wirkung*" (Luhmann 1962: 627, 623).

Dabei muss der Gesichtspunkt der problematischen Wirkung für Luhmann keineswegs im Zusammenhang mit der Bestandserhaltung sozialer Systeme stehen. Die Fixierung auf Bestandserhaltung habe die Tradition des soziologische Funktionalismus vom biologischen Funktionalismus übernommen. Im Unterschied zu organischen Systemen fehle bei sozialen Systemen jedoch das „klar geschnittene empirische Problem des Todes", das als „Kriterium für den Fortbestand" diene (Luhmann 1962: 630). Ein soziales System kann sich Luhmann zufolge tiefgreifend verändern, ohne seine Identität aufzugeben, so dass sich das Problem der Bestandserhaltung nicht klar formulieren lasse. Der Äquivalenzfunktionalismus solle sich auf Probleme der Anpassung sozialer Systeme an Veränderungen der Umwelt konzentrieren. Sein Ziel sei es, einen „Vergleichs- und Austauschzusammenhang" zu organisieren, um „Variationsmöglichkeiten" im Sinne von „Möglichkeiten der Veränderung, des Austausches und Ersatzes" äquivalenter Leistungen zu finden (Luhmann 1962: 626, 630, 626).

Funktionale Äquivalenzen, multiple Lösungen und multiple Realisierungen

Wie Simmel und Bourdieu hat auch Luhmann mit seinem Äquivalenzfunktionalismus auf den Wandel der bürgerlich-liberalen Gesellschaft der Moderne zur massendemokratischen Gesellschaft der Postmoderne reagiert, in der die Anpassung an die Veränderungen des Marktes die „prinzipielle Austauschbarkeit" von Leistungen und Leistungsträgern erzwingt (Kondylis 1991: 196). Tatsächlich hat sich Luhmann sogar darin gefallen, der Postmoderne das Wort zu reden (Kondylis 1999: Kap. I). Das dürfte auch der Grund dafür sein, dass er sich ganz auf die Erforschung der Variationsmöglichkeiten von Leistungen und Leistungsträgern konzentriert und die Feststellung ihrer Ursächlichkeit vernachlässigt hat. Jedenfalls hat er eine „funktionalistische Kausaltheorie", die als methodisches Hilfsmittel die möglichen Ursachen einer problematischen Wirkung festzustellen hat, nicht formuliert, was auch insofern verwundert, als er der Soziologie in Sachen Kausalität ein typisches Scheitern unterstellte (Luhmann 1962: 628, 636, 627).

Luhmann hat sich auch nicht dafür interessiert, dass das Konzept funktionaler Äquivalenz in anderen Disziplinen ebenfalls bekannt war. Schon Merton (1995: 31) hatte auf einschlägige psychologische und neurologische Studien hingewiesen (English 1937; Lashley 1930) und Hempel hatte angemerkt, dass es in der Biologie (Simpson 1950; Simpson et al. 1957) eine Parallele zum Konzept der funktionalen Äquivalenz gibt:

„Diese Idee besitzt [...] eine interessante Parallele im ‚Prinzip der multiplen Lösungen' für Adaptionsprobleme in der Theorie der Evolution. Dieses von funktionalistisch orientierten Biologen hervorgehobene Prinzip besagt, daß es gewöhnlich für ein gegebenes funktionales Problem (etwa: die Wahrnehmung von Licht) eine Vielzahl möglicher Lösungen gibt, und viele dieser Lösungen werden tatsächlich von unterschiedlichen – und oftmals eng verwandten – Gruppen von Organismen angewandt" (Hempel 1975: 149).

Damit hatte Hempel auch darauf hingewiesen, dass es der Biologie seit Charles Darwin natürlich nicht nur um die Bestandserhaltung von Organismen geht, sondern auch um ihre Anpassung an die Veränderungen der Umwelt, d. h. um ihre Fitness.

Zu dieser Parallele des Konzepts der funktionalen Äquivalenz und des Konzepts der multiplen Lösungen von Anpassungsproblemen in der Evolution kam in den 1960er Jahren mit der Entstehung des philosophischen Funktionalismus ein weiteres Konzept hinzu, nämlich das der multiplen Realisierung von Funktionen. Diese neue, an der Psychologie orientierte Position in der Philosophie des Geistes, die Luhmann weder damals noch später zur Kenntnis genommen hat, war eine Reaktion auf die Entwicklung künstlicher Intelligenz (Putnam 1960; 1965; 1967; Fodor 1968; 1992; Lewis 1966; 1972). Die Möglichkeit, ein und dasselbe Programm (software) auf verschiedenen Maschinen (hardware) implementieren zu können, führte dazu, dass man das Programm ausschließlich über seine Funktion definierte, unabhängig von der Materie der Maschinen, die dadurch als multiple physikalische Realisierungen des Programms erschienen. In Analogie dazu ließen sich mentale Zustände ausschließlich über ihre Funktion definieren und als physikalisch multipel realisiert begreifen, nicht zuletzt durch Maschinen.

Tatsächlich ergänzen sich diese drei Konzepte wechselseitig: Die multiplen Lösungen von Anpassungsproblemen in der Evolution kann man als multiple Realisierungen von Funktionen begreifen, die auf ihre funktionale Äquivalenz hin erforscht werden können. Von daher wäre ein intensiver Dialog der Disziplinen hilfreich. Der Äquivalenzfunktionalismus der Soziologie könnte von den Kausalitätstheorien und Erklärungsmodellen profitieren, die in den anderen Disziplinen angesichts der multiplen Realisierung von Funktionen entwickelt wurden. Ebenso könnten diese Disziplinen von den Vorarbeiten zur funktionalen Äquivalenz profitieren. Die Austauschbarkeit von Leistungen und Leistungsträgern gewinnt in der massendemokratischen Postmoderne, in der der Markt zur zweiten Natur geworden ist, in zunehmendem Maße an Bedeutung auch für mentale und organische Systeme. Mit dem Fortschritt der künstlichen Intelligenz stellt sich die Frage der funktionalen Äquivalenz von Computerprogrammen und dem menschlichen Geist, ebenso wie sich mit dem Fortschritt der Biotechnologie die Frage der funktionalen Äquivalenz von künstlichen und/oder natürlichen Teilen der Organismen stellt. Dem *Artificial Intelligence Project* (Dennett 1978) folgten denn auch ein *Artificial Life Project* (Langton 1989) und ein umfassender körperlicher Konstruktivismus (Mol 2002).

Der biologische Funktionalismus definiert eine Funktion nach wie vor kausal, nämlich als eine Wirkung im Sinne einer Leistung, die der „self-reproduction" oder „fitness" von Organismen dient (Arp 2007; Lewens 2007; McLaughlin 2001; Weber 2005). Auch der an der Psychologie orientierte philosophische Funktionalismus definiert eine Funktion in diesem Sinne kausal (Millikan 1984; 2004; Papineau 1993). Luhmann hat zwar versucht, die kausale Definition von Funktion durch eine logisch-mathematische Definition zu ersetzen. Damit hat er die Frage der Kausalität aber nur in den Bereich der Präliminarien verdrängt. Dort stellt sie sich freilich in pluralisierter Form. Die Ursächlichkeit der möglichen Ursachen muss nämlich bereits festgestellt sein, damit man ihre funktionale Äquivalenz erforschen kann. Demzufolge muss es auch einem soziologischen Funktionalismus um Wirkungen im Sinne von Leistungen gehen, die der Fitness sozialer Systeme dienen und natürlich auch ihrer Bestandserhaltung, denn trotz Luhmanns gegenteiliger Behauptung lässt sich – um eine stehende Redensart zu benutzen –das „Absterben" nicht nur von „Staaten" (Engels 1988), sondern auch anderer sozialer Systeme durchaus erklären. Esfeld hat den philosophischen Funktionalismus in einer Weise weiterentwickelt, die es ermöglicht, die speziellen funktionalistischen Ansätze der Einzelwissenschaften in einen allgemeinen Ansatz zu integrieren, der mit den fundamentalen und universalen Theorien der Physik vereinbar ist. Esfeld konzipiert alle komplexeren Eigenschaften als funktional-kausale Eigenschaften. Sie bestehen in den Wirkungen, die Systeme unter Standardbedingungen dadurch hervorbringen können, dass sie die betreffenden Eigenschaften haben. Dabei stellt er nicht nur eine Kausalitätstheorie bereit, die die Wirksamkeit dieser Eigenschaften ontologisch begründet, sondern er schlägt auch ein entsprechendes Erklärungsmodell vor, um kausale Beziehungen epistemologisch erfassen zu können. Da er alle Eigenschaften in der Welt als funktional-kausale Eigenschaften konzipiert, kann er die epistemologische Reduktion als eine funktionale Reduktion spezifizieren, die man auch als explanatorische Reduktion bezeichnen kann, weil sie zu kausalen Erklärungen führt (Hoyningen-Huene 2007: 181–185).

Wenn bei der folgenden Erläuterung funktionaler Reduktion von einer Einzelwissenschaft direkt auf die Physik reduziert wird, kann damit strenggenommen nur die Chemie gemeint sein. Bei den anderen Einzelwissenschaften erfolgt die Reduktion über Zwischenschritte über die verschiedenen Komplexitätsgrade, die die Gegenstandsbereiche der Einzelwissenschaften bilden. Soziale Eigenschaften werden auf mentale, mentale auf organische, organische auf zelluläre, zelluläre auf molekulare und molekulare auf physikalische Eigenschaften reduziert. Allein zur Erläuterung der Logik des Reduktionsverfahrens genügt es, generell von einer Einzelwissenschaft zu sprechen.

Funktionale Reduktion

Dem herkömmlichen Reduktionsverfahren zufolge beschreibt man zunächst die Funktion einer Eigenschaft e, mit der sich eine Einzelwissenschaft jenseits der Physik befasst, durch die kausale Rolle, die in der charakteristischen Wirkung dieser Eigenschaft besteht. Diese Beschreibung erfolgt mit einem Typen-Begriff E, denn Eigenschaften sind allgemein, d. h. sie kommen mehreren Vorkommnissen zu. Der Begriff E wird im Vokabular der Theorien der Einzelwissenschaft formuliert. Dann sucht man der Identitätsthese entsprechend nach einer physikalischen Konfiguration p_1, die die kausale Rolle von e realisiert. Die Beschreibung dieser Konfiguration p_1 erfolgt im Vokabular der Theorien der Physik mit einem Begriff P_1. Dann wird eine Verbindung zwischen den Begriffen E und P_1 hergestellt. Dies erfolgt durch einen Korrespondenzsatz, der eine logische Äquivalenz dieser Begriffe zum Ausdruck bringen soll. Schließlich wird mit den Theorien der Physik erklärt, wie die Konfiguration p_1 die Wirkung hervorbringt, die die Einzelwissenschaft mit ihrem Begriff E als Funktion beschreibt. Damit liegt dem Prinzip der kausalen Vollständigkeit des physikalischen Bereichs entsprechend eine kausale Erklärung vor, die generalisiert werden kann:

$$\Lambda x \, (P_1 x \rightarrow Ex)$$

Für jedes Eigenschaftsvorkommnis x gilt, wenn x unter den Begriff P_1 der Physik fällt, dann fällt x auch unter den Begriff E der Einzelwissenschaft. Mit anderen Worten, jedes Eigenschaftsvorkommnis x, das die kausale Beschreibung durch den Begriff P_1 wahr macht, macht auch die funktionale Beschreibung durch den Begriff E wahr.

Dieses herkömmliche Reduktionsverfahren steht freilich vor demselben Problem, das Hempel (1975) angesichts der Möglichkeit, dass es mehrere, funktional äquivalente Ursachen für eine als Funktion konzipierte Wirkung geben kann, für die Schwäche funktionaler Erklärungen verantwortlich gemacht hatte: Auf eine bestimmte Ursache A einer bestimmten Wirkung B kann in einem an Hempel orientierten Erklärungsmodell nicht geschlossen werden. Die Möglichkeit der multiplen Realisierung ein und derselben komplexeren Eigenschaft e impliziert, dass es verschiedene physikalische Konfigurationen $p_1 \dots p_n$ geben kann, welche die Wirkung der Eigenschaft e hervorbringen und die funktionale Beschreibung durch den Begriff E der jeweiligen Einzelwissenschaft wahr machen. Daher kann es auch verschiedene kausale Beschreibungen durch Begriffe $P_1 \dots P_n$ der Physik geben, die der funktionalen Beschreibung durch den Begriff E der Einzelwissenschaft entsprechen. Das bedeutet, dass weder die Korrespondenzsätze, die eine logische Äquivalenz zwischen E-Begriffen und P-Begriffen zum Ausdruck bringen sollen, noch die Erklärungen selbst als Bikonditionale [*wenn und nur wenn ..., dann ...*] $P_1 \leftrightarrow E$; bzw. $\Lambda x \, (P_1 x \leftrightarrow Ex)$ formuliert werden können. Ebenso wie in einem an Hempel orientierten Erklärungsmodell lassen sich nur einfache Konditionale [*wenn ..., dann ...*] $P_1 \rightarrow E$; bzw. $\Lambda x \, (P_1 x \rightarrow Ex)$ formulieren.

Die Lösung dieses Problems, die Esfeld und Sachse vorschlagen (Esfeld 2006; 2011a: 139–141; Esfeld & Sachse 2007; 2010; 2011; Sachse 2005; 2007; Soom et al. 2010), basiert auf einer Überlegung, die an die Metapher erinnert, mit der Luhmann das Unbestimmtheitsprinzip von Quantensystemen auf soziale Systeme übertragen hat, um zu behaupten, jedem definiten Wert auf Seiten der Wirkung korrespondiere eine Unschärfe des Wertes auf Seiten der Ursache und jedem definiten Wert auf Seiten der Ursache korrespondiere eine Unschärfe des Wertes auf Seiten der Wirkung (Luhmann 1962: 628). Für Esfeld und Sachse korrespondiert im herkömmlichen Verfahren funktionaler Reduktion eine Unschärfe des Begriffs E, durch den die Funktion einer komplexeren Eigenschaft e beschrieben wird, der Schärfe der Begriffe P_1 ... P_n, durch die die physikalischen Konfigurationen p_1 ... p_n beschrieben werden, die diese Funktion multipel realisieren. Verglichen mit den präzisen und feinkörnigen Begriffen P_1 ... P_n ist der Begriff E vage und grobkörnig, weil er eine größere Extention hat. Daraus ergibt sich die Perspektive, den Begriff E durch Einführung von Sub-Begriffen E_1 ... E_n zu verfeinern, die die gleiche Extention wie die Begriffe P_1 ... P_n haben.

Interessanterweise findet sich bei Luhmann auch schon eine Überlegung, die bei der näheren Spezifikation dieser Verfeinerung des Begriffs E durch Sub-Begriffe E_1 ... E_n an Bedeutung gewinnt. Für Luhmanns Äquivalenzfunktionalismus darf nämlich die als Leitgesichtspunkt gewählte Wirkung gar keinen definiten Wert annehmen, sondern muss mehrdeutig sein, damit sich eine Vergleichs- und Auswahlmöglichkeit unter den Ursachen eröffnet. Diese Unschärfe der Wirkung soll durch eine Abstraktion von den Nebenwirkungen der Ursachen erreicht werden:

„Eine Wirkung gewinnt jene Mehrdeutigkeit, die für einen funktionalistischen Bezugsgesichtspunkt wesentlich ist, wenn man von den Nebenwirkungen ihrer Ursachen absieht. Dadurch erscheinen mehrere Möglichkeiten der Bewirkung (die sich nur durch ihre Nebenfolgen unterscheiden würden) als funktional äquivalent" (Luhmann 1962: 628).

Allein, die Nebenwirkungen der Ursachen, die hinsichtlich der Erforschung der funktionalen Äquivalenz möglicher Ursachen ein Hindernis darstellen mögen, lassen sich hinsichtlich der Feststellung der Ursächlichkeit der möglichen Ursachen fruchtbar machen. Tatsächlich bringen die verschiedenen physikalischen Konfigurationen p_1 ... p_n, die eine Funktion multipel realisieren und in den Beschreibungen der Physik auf feinkörnige Begriffe P_1 ... P_n gebracht werden, nicht nur diese eine Hauptwirkung hervor, sondern auch Nebenwirkungen. Diese Nebenwirkungen werden in den Begriffen P_1 ... P_n mitberücksichtigt, was diese Begriffe feinkörnig macht. Da die jeweilige Einzelwissenschaft jenseits der Physik die mit der Hauptwirkung einhergehenden Nebenwirkungen einer jeden physikalischen Konfiguration p_1 ... p_n ebenfalls beobachten kann, kann sie ihre funktionale Beschreibung präzisieren. Der Begriff E wird in Sub-Begriffe E_1 ... E_n differenziert, von denen jeder die funktionale Beschreibung von e durch E enthält, sich aber jeweils auf eine verschiedene physikalische Konfiguration p_1 oder p_2 oder ... p_n bezieht, die durch verschiedene Begriffe P_1 oder P_2 oder ... P_n beschrieben werden. Dadurch werden die einzelwissenschaftlichen Sub-Begriffe E_1 ... E_n so feinkörnig, dass sie die gleiche Extension wie die feinkörnigen Begriffe P_1 ... P_n der Physik haben, wie die folgende Abbildung zeigt (Esfeld 2011a: 140).

Abb. 11: Funktionale Reduktion

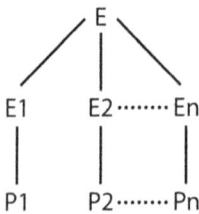

```
      E
    / | \
   /  |  \
  E1  E2·······En
  |   |       |
  |   |       |
  P1  P2·······Pn
```

Dadurch lassen sich nun aber Bikonditionale formulieren, sowohl für die Korrespondenzsätze, die nunmehr eine logische Äquivalenz zwischen den P-Begriffen der Physik und den E-Subbegriffen der Einzelwissenschaft zum Ausdruck bringen, als auch für die Erklärungen selbst: [*wenn und nur wenn ..., dann ...*] $P_1 \leftrightarrow E_1, P_2 \leftrightarrow E_2$ ... $P_n \leftrightarrow E_n$; bzw. $\Lambda x \, (P_1 x \leftrightarrow E_1 x), \Lambda x \, (P_2 x \leftrightarrow E_2 x) ... \Lambda x \, (P_n x \leftrightarrow E_n x)$. Damit ist die von Hempel konstatierte Schwäche funktionaler Erklärungen behoben. Durch funktionale Reduktion im Sinne von Esfeld und Sachse lässt sich die Ursächlichkeit der möglichen Ursachen feststellen, die Luhmann auf ihre funktionale Äquivalenz hin erforschen wollte. Andererseits scheint sich das Konzept funktionaler Äquivalenz bei der Weiterentwicklung der Konzepte der multiplen Realisierung von Funktionen und der multiplen Lösungen von Anpassungsproblemen in der Evolution als nützlich zu erweisen.

Zum Beispiel „is patriotic"

Esfeld und seine Mitarbeiter haben dieses Reduktionsverfahren an Beispielen mentaler und organischer Eigenschaften empirisch bestätigt. Dass es sich auch auf soziale Eigenschaften anwenden lässt, kann hier nicht im Detail gezeigt, aber seine Durchführbarkeit kann immerhin ansatzweise skizziert werden. Nehmen wir als Beispiel für eine Eigenschaft *e* die sozial-mentale Eigenschaft „is patriotic", die Quinton ins Spiel brachte. Quinton hat auch eine erste Beschreibung der Funktion dieser Eigenschaft formuliert, die in ihrer kausalen Rolle im Sinne ihrer charakteristischen Wirkung besteht: „To say that X is patriotic is to say something like 'X is much concerned for the welfare of his country'" (Quinton 1975: 23). Mit anderen Worten, die Eigenschaft, patriotisch zu sein, leistet einen Beitrag zur Bestandserhaltung und Fitness des Vaterlands von X, d. h. seiner Nation. Zusammen mit der Definition des Begriffs Nation als einer auf der Erinnerung an gemeinsame politische Schicksale basierenden großen Solidargemeinschaft von Individuen, deren moralisches Empfinden sich entweder auf einen bestehenden oder einen ersehnten Staat richtet (Anderson 1996; Schulze 1999; Weber 1980: 514–515, 527–530), liegt somit ein soziologischer Typen-Begriff E vor.

Dieser Typen-Begriff E ist insofern grobkörnig, als sich das moralische Empfinden der Individuen entweder auf einen bestehenden oder einen ersehnten Staat richtet. Je nach Vorhandensein oder Nicht-Vorhandensein eines Staates ist die Eigenschaft, patriotisch zu sein, physikalisch multipel realisiert. Werfen wir zur Klärung dieses Sachverhalts ein Blick in die europäische Geschichte des 18. und 19. Jahrhunderts! Im Westen gab es Staaten, in denen man die Nationen über die in den bürgerlichen Revolutionen erkämpften staatsbürgerlichen Gleichheitsrechte und Verfahren der demokratischen Legitimierung der Herrschaft durch die Staatsbürger begründen konnte. Hingegen gab es in der Mitte und im Osten Europas entweder keine Staaten oder die vorhandenen standen unter Fremdherrschaft. Die Nationen konnten nur über andere, z. B. kulturelle oder ethnische Gleichheiten begründet werden. Während im Westen sozial-mentale Eigenschaften wie der Wille, zur Nation zu gehören, den der Franzose Ernest Renan als „tägliches Plebiszit" bezeichnete (Renan 1993: 309), und der Glaube an die Legitimität der staatlichen Institutionen die Eigenschaft, patriotisch zu sein, hervorbrachten, waren es weiter östlich sozial-mentale Eigenschaften wie der Glaube an eine gemeinsame Kultur oder Abstammung, auf die denn auch der Deutsche Johann Gottfried Herder oder der Pole Adam Mickiewicz ihr Augenmerk richteten (Herder 1994; Mickiewicz 1994). Diese Unterscheidung gibt es in globalisierter Form auch heute noch, denn die Nation sollte im 20. Jahrhundert zu einem europäischen Exportschlager werden.

Diese verschiedenen sozial-mentalen Eigenschaften implizieren eine multiple Realisierung der Eigenschaft e bis hinunter in den physikalischen Bereich, so dass man diese Eigenschaft im Westen als durch die physikalische Konfiguration p_1 und weiter östlich als durch die physikalische Konfiguration p_2 realisiert bezeichnen kann. Die Physik kann diese Konfigurationen mit den feinkörnigen Begriffen P_1 und P_2 beschreiben, die auch die die von p_1 und p_2 hervorgebrachten Nebenwirkungen berücksichtigen. So geht mit p_1 das Bemühen um eine Aufgeschlossenheit anderen gegenüber einher, zumal das Verhältnis zu Fremden oder ethnischen und kulturellen Minoritäten in diesen Staaten ohne Verbandsverbote und Zwangsassimilierungen geregelt und die Lösung von Konflikten in politischen und rechtlichen Verfahren institutionalisiert ist (Lepsius 1982: 24). Demgegenüber geht mit p_2 eine prinzipielle Verschlossenheit anderen gegenüber einher, zumal die Nation als eine geschichtsphilosophisch begründete höherrangige vorpolitische Wesenheit erscheint, der die Individuen subsumiert werden, sofern sie die gleichen Merkmale aufweisen, während alle anderen als minderwertig betrachtet werden (Lepsius 1982: 17). Ebenso wie die verschiedenen sozial-mentalen Eigenschaften, die die Eigenschaft e hervorbringen, sind diese Nebenwirkungen physikalisch realisiert, und zwar sowohl neuronal in den sozial-mentalen Eigenschaften Aufgeschlossenheit und Verschlossenheit, als auch in sinnentsprechenden sozialen Handlungen, deren sozial-physikalische Eigenschaften sich als nicht-diskriminierend oder diskriminierend beschreiben lassen.

Die Hypostasierung von Gruppen zu Wesenheiten wird seit längerem erforscht (Medin & Ortony 1989; Rothbart & Taylor 1992; Yzerbyt et al. 1997; Yzerbyt et al. 2001). Dasselbe gilt für die neuronalen Strukturen der Bildung von Stereotypen (Mitchell et al. 2008; Quadflieg et al. 2008; Quadflieg et al. 2011). Mittlerweile gibt es auch Studien, die zeigen, dass es neuronale Unterschiede gibt hinsichtlich der sozial-mentalen Eigenschaft Aufgeschlossenheit bzw. der sozial-physikalischen Eigenschaft nicht-diskriminierend einerseits und der sozial-mentalen Eigenschaft Verschlossenheit bzw. der sozial-physikalischen Eigenschaft diskriminierend andererseits:

> "subjects reporting that they did not discriminate [between in-group and out-group members] showed stronger dorsolateral prefrontal cortex activation during out-group interactions, suggesting that they may have been exerting cognitive effort to override discriminatory tendencies. [...] subjects who behaviorally discriminated against out-group partners to a greater extent also showed stronger activation in the frontoinsular cortex during out-group interactions, implying that these interactions were particularly arousing and perhaps aversive" (Rilling et al. 2008: 1459; Harris & Fiske 2006; Mathur et al. 2010; Wheeler & Fiske 2005).

Demzufolge darf angenommen werden, dass es prinzipiell möglich ist, mit den feinkörnigen Begriffen P_1 und P_2 der Physik sowohl die verschiedenen physikalischen Mechanismen zu beschreiben, die die funktional-kausale Eigenschaft e multipel realisieren, als auch die mit dieser Wirkung einhergehenden Nebenwirkungen. Da die Soziologie diese Nebenwirkungen der physikalischen Konfigurationen p_1 und p_2 ebenfalls beobachten kann, kann sie ihre funktionale Beschreibung von e präzisieren und den Begriff E in die Sub-Begriffe E_1 und E_2 differenzieren, von denen jeder die funktionale Beschreibung von e durch E enthält, sich aber jeweils auf eine verschiedene physikalische Konfiguration p_1 oder p_2 bezieht, die durch die Begriffe P_1 und P_2 beschrieben werden. E_1 wäre der Sub-Begriff der „Staatsbürgernation", während E_2 der Sub-Begriff der „Kulturnation" oder der „Volksnation" wäre, je nachdem, ob man sich auf kulturelle oder ethnische Gleichheiten bezieht (Lepsius 1982: 23, 19, 15). Durch diese Differenzierung werden die soziologischen Begriffe E_1 und E_2 so feinkörnig, dass sie die gleiche Extension wie die feinkörnigen Begriffe P_1 und P_2 der Physik haben. Dadurch lassen sich Bikonditionale formulieren, sowohl für die Korrespondenzsätze, die eine logische Äquivalenz zwischen den P-Begriffen der Physik und den E-Subbegriffen der Soziologie zum Ausdruck bringen, als auch für die Erklärungen selbst: [*wenn und nur wenn ..., dann ...*] $P_1 \leftrightarrow E_1$ und $P_2 \leftrightarrow E_2$; bzw. $\Lambda x \, (P_1 x \leftrightarrow E_1 x)$ und $\Lambda x \, (P_2 x \leftrightarrow E_2 x)$.

5 Fortschritt und Einheit der Soziologie

Das Problem der Klassiker

In den vorstehenden Kapiteln ist deutlich geworden, dass sich die Soziologie sowohl in der ontologischen als auch in der epistemologischen Dimension in das interdisziplinäre Gefüge der Einzelwissenschaften bis hin zur Physik eingliedern lässt. Eine prinzipielle Differenz tut sich allerdings auf, was ihr Verständnis vom wissenschaftlichen Fortschritt betrifft. Während die anderen Wissenschaften das in älteren Theorien kumulierte Wissen in neuere Theorien und schließlich in einen gemeinsamen theoretischen Bezugsrahmen überführen, ist die Soziologie geradezu fixiert auf die Theorien ihrer sogenannten Klassiker, deren Werke sie immer wieder neu auflegt und interpretiert.

Die Publikationen – Primär- wie Sekundärliteratur – sind unüberschaubar. Mit dem *Journal of Classical Sociology* gibt es eine eigene Fachzeitschrift und es gibt sogar eine „Soziologie der Klassiker" (Barlösius 2004). Zur Erklärung dieser Fixierung der Soziologie auf Klassiker und ihre Werke führt man im Wesentlichen drei Funktionen an, die sie erfüllen. Erstens haben sie eine *erzieherische Funktion*, indem sie als Vorbilder dienen, um einen professionellen Habitus – eine „maîtrise pratique" (Barlösius 2004: 532) – auszubilden. Zweitens haben sie eine *intellektuelle Funktion*, indem sie als Ideenspender für Forschung und Lehre dienen (Kaesler 2003: 30). Drittens haben sie eine *soziale Funktion*, indem sie das Fundament der „Fachidentität" bilden und dadurch die Integration des Fachs gewährleisten (Alexander 1987; Barlösius 2004: 534; Cherkaoui 1997; JCS 2001; Kaesler 2003: 31).

Auf die ersten beiden Funktionen hat schon 1967 Robert K. Merton hingewiesen (Merton 1981: 61). Für ihn handelt es sich dabei freilich um Kompensationen, die der „mangelhaften Wiederbelebung der vergangenen soziologischen Theorien" entstammen, welche „nicht völlig im nachfolgenden Denken aufgehoben wurden" (Merton 1981: 61). Merton konstatierte, dass die Naturwissenschaften erfolgreicher darin sind, frühere Theorien weiterzuführen, indem sie das in ihnen kumulierte Wissen abrufen und in spätere Theorien einbeziehen: „Dieser Prozeß einer Tilgung durch Aneignung ist in der Soziologie immer noch selten" (Merton 1981: 57). Folglich konzedierte er, dass sich die Soziologie ihren „klassischen Vorläufern" durchaus widmen müsse, warnt aber gleichzeitig davor, die „wissenschaftliche Praxis, eine vorgängige Theorie weiterzuführen", zugunsten einer „scholastischen Praxis des Kommentierens und der Exegese" aufzugeben (Merton 1981: 61).

Wie ihre nachhaltige Fixierung auf Klassiker und ihre Werke zeigt, hat die Soziologie diese Warnung nicht ernst genommen, was ein eigentümliches Verständnis wissenschaftlichen Fortschritts hervorgebracht hat, nämlich dass sich die Soziologie „im ständigen Rekurs auf eben die Klassiker weiterentwickelt, indem sie diese immer wieder aus neuen Perspektiven betrachtet und insofern permanent (wieder)entdeckt" (Kaesler 2003: 28). Dies impliziert nicht nur, dass einzelne Theorien nicht mehr weitergeführt werden, sondern auch, dass sie nicht zusammengeführt werden, so dass letztlich kein gemeinsamer theoretischer Bezugsrahmen entsteht. Tatsächlich tangiert der „tiefgehende Unterschied" hinsichtlich der Kumulation von Wissen auch die Interaktion der Wissenschaftler (Merton 1981: 47). Trotz der „permanenten Konkurrenz um Wahrheit" (Bourdieu 1992: 11; Kondylis 1986: 112–113; Kuhn 1976: 22), die jede Forschung antreibt, begreift man in den Naturwissenschaftlen Theorien als „Beiträge zu einem Sammelwerk", während man in der Soziologie, sofern man überhaupt systematische Theoriebildung betreibt, „konkurrierende Denksysteme" produziert (Merton 1981: 42).

Durch den fortwährenden Mangel an einem gemeinsamen theoretischen Bezugsrahmen ist den Klassikern eine dritte, nicht minder kompensatorische *soziale* Funktion zugewachsen. Ihre Werke sollen das Fundament der Fachidentität bilden und für die Integration des Fachs sorgen. Dies erhellt, warum man in der Soziologie auf eine gemeinsame „Tradition" mit Klassikern als Hauptfiguren fixiert ist und den klassischen Werken, die im „kulturellen Gedächtnis des Faches" überliefert werden, trotz all ihrer Widersprüchlichkeit den Status eines „Kanons" zuschreibt (JCS 2001: 6–7, 8–9; Kaesler 2003: 12–15).

Die Frage, warum gerade ein Kanon klassischer Texte das Fundament der Fachidentität der Soziologie bildet, hat Raewyn Connell (1997) beantwortet. Connell hat nachgewiesen, dass dieser Kanon tatsächlich als Surrogat für einen einheitlichen theoretischen Bezugsrahmen geschaffen wurde, der ursprünglich das Fundament der Fachidentität gebildet hatte, dann aber diskreditiert worden war. Dass dieser Kanon immer noch das Fundament der Fachidentität bilden soll, hat offensichtlich damit zu tun, dass die Soziologie keinen neuen Bezugsrahmen formuliert hat, auf den ihre Mitglieder referieren könnten. Zwar haben es manche – in jüngster Zeit beispielsweise Pierre Bourdieu, James S. Coleman, Anthony Giddens und Niklas Luhmann – versucht. Damit haben sie sich aber nicht durchgesetzt, nicht zuletzt deshalb, weil man ihre Texte weniger auf diesen Anspruch hin rezipiert, als vielmehr ihrerseits dem Kanon klassischer Texte einverleibt hat (Kaesler 2003). Andere wiederum meinen, dass die Soziologie aufgrund ontologischer Besonderheiten ihres Gegenstands und epistemologischer Besonderheiten ihrer Methode einen solchen Bezugsrahmen gar nicht formulieren könne, sondern ein multiparadigmatisches Dasein führen müsse, das die klassischen Texte in ihrer Verschiedenheit fundieren würden (Münch 2002). So oder so, am Kanon klassischer Texte scheint man in der Soziologie nicht vorbeizukommen.

Um so überraschender ist es, dass man sich in der Soziologie hinsichtlich der Bedeutung der Begriffe Kanon und Klassik nicht im Klaren ist (Baehr 2002). Daher überblickt man auch nicht die Folgen, die mit ihrer Übertragung in eine empirische Wissenschaft wie die Soziologie einhergehen. Diese Folgen führen nicht nur zur Stagnation der systematischen Theoriebildung, sondern lassen die Soziologie Gefahr laufen, ihren Status als Wissenschaft einzubüßen. Dass sie ihre Klassiker mittlerweile in „Goldrahmen" (Barlösius 2004) hängt, ist kein bloßer Gag, sondern ein Indiz dafür, dass sie immer mehr zu einer Art Kunst gerät und Wissenschaft nur noch imitiert. Um einen Ausweg aus diesem Dilemma zu finden, wird im Folgenden zunächst der Klassiker-Diskurs in seiner Genese und Problematik rekonstruiert, um auf dieser Basis sodann ein Konzept des Fortschritts soziologischer Theoriebildung zu skizzieren, das zu unserer Bestimmung des Gegentands und der Methode der Soziologie passt.

Die Krise der Soziologie und der Klassikerdiskurs

Connell (1997) hat eine plausible Antwort auf die Frage gegeben, warum es in der Soziologie Klassiker gibt. Er widerspricht der herkömmlichen Meinung, dass sich die Soziologie an der Wende vom 19. zum 20. Jahrhundert als ein Fach institutionalisierte, dessen Gegenstand die in Westeuropa und den USA entstandene moderne kapitalistische Gesellschaft war. Wie er anhand einer Analyse der damals populärsten Textbücher, Monographien und Zeitschriften zeigt, befasste man sich weniger mit dem Westen und der Moderne, als vielmehr mit nicht-westlichen Ländern und der Vergangenheit. Connell führt dieses Verständnis von Soziologie als „Grand Ethnography" auf Auguste Comte (1798–1857) zurück. Es findet sich dann aber nicht nur in Frankreich bei Charles Letourneau (1831–1902) und Emile Durkheim (1858–1917), sondern auch in Großbritannien bei Herbert Spencer (1820–1903), Benjamin Kidd (1858–1916) und L. T. Hobhouse (1864–1929), in den USA bei W. G. Sumner (1840–1910), L. F. Ward (1841–1913) und F. H. Giddings (1885–1931) sowie in Deutschland bei Ferdinand Tönnies (1855–1936) und Max Weber (1864–1920).

Connell begreift die Verbreitung dieses Verständnisses von Soziologie als Reaktion auf die Phase des Hochimperialismus, in die der Westen in den 1870er Jahren eintrat. Die Soziologie erklärte den Unterschied zwischen dem Westen und den Kolonien, wobei sie den imperialen Blick übernahm. Mit Fortschrittstheorien und entsprechenden vergleichenden Methoden meinte sie wissenschaftlich nachweisen zu können, dass die kolonialisierten Gesellschaften mehr oder weniger primitive zeitliche Stufen einer universellen Entwicklung darstellen, die in der Zivilisation des Westens gipfelt. Nach Maßgabe dieser Entwicklung betrachtete sie denn auch die Unterschiede innerhalb des Westens, beispielsweise den Klassengegensatz, der zur sozialen Frage führte. Anfang des 20. Jahrhunderts war die Soziologie in Westeuropa und den USA als ein Fach institutionalisiert, das jenseits nationalstaatlicher Besonderheiten ein internationales Gepräge hatte. Man rezipierte und vernetzte sich über die Grenzen hinweg, was umso leichter fiel, als die Fortschrittstheorien trotz aller Unterschiede im Detail einen relativ einheitlichen theoretischen Bezugsrahmen bildeten.

Der Erste Weltkrieg unterbrach nicht nur diese Kommunikation. Die Gräuel auf den Schlachtfeldern, die Mitglieder des zivilisierten Westens aneinander verübten, stellten diesen Bezugsrahmen mit einer solchen Anschaulichkeit in Frage, dass sich ein „epistemologischer Bruch" (Connell 1997: 1535) nicht vermeiden ließ. Die Soziologie distanzierte sich von den Fortschrittstheorien und entdeckte nunmehr die westliche Gesellschaft, die dabei war, sich von der bürgerlich-liberalen Moderne zur massendemokratischen Postmoderne zu wandeln, als ihren eigentlichen Gegenstand. Dabei übernahm die US-amerikanische Soziologie die Führung, nachdem die USA als neue Weltmacht aus dem Krieg hervorgegangen waren. Obwohl die empirische Sozialforschung florierte, stürzte die Soziologie in den 1920er Jahren in eine Krise, weil nicht abzusehen war, durch welchen neuen Bezugsrahmen der alte ersetzt werden konnte. Dieses theoretische Vakuum hatte umso schlimmere Auswirkungen, als die Soziologie im höheren Bildungssystem zum Massenfach wurde.

Man behalf sich mit der Bestimmung eines „classical canon" (Connell 1997: 1537). Dazu hat Talcott Parsons mit *The Structure of Social Action* (1937) mehr oder weniger unfreiwillig beigetragen. Bei seinem Versuch, einen neuen Bezugsrahmen zu formulieren, verabschiedete er mit seiner Diagnose „Spencer is dead" die Fortschrittstheorien, um die Problemlage der westlichen Gesellschaft nach dem Ersten Weltkrieg und der Weltwirtschaftskrise auf einen Nenner – „the Hobbesian problem of order" – zu bringen (Parsons 1937: 3, 89). Indem er jedoch meinte, die Lösung dieses Problems in den Theorien Alfred Marshalls (1842–1924), Vilfredo Paretos (1848–1923), Durkheims und Webers angelegt zu finden, leistete er einer Interpretation seines Buchs als „origin narrative" (Connell 1997: 1538) Vorschub. Parsons beförderte diese Interpretation nicht nur dadurch, dass er Theoriebildung als Textexegese betrieb, sondern auch durch seine Übersetzungen und Kommentare, die er in den folgenden Jahrzehnten insbesondere zu Weber publizierte.

Seit den 1940er Jahren entwickelte sich mit zahlreichen Editionen, Übersetzungen und Interpretationen ein Klassikerdiskurs als ein eigenes „genre of commentary and exposition" mit einem „canonical view" (Connell 1997: 1539). Mit Lewis A. Cosers

(1956) Entdeckung der Konflikttheorie Georg Simmels (1858–1918), die Parsons ausgespart hatte, relativierte dieser Blick nicht nur den Anspruch, den Parsons mit seiner Ordnungstheorie erhob, nämlich einen neuen Bezugsrahmen zu liefern. Er erkannte auch in anderen Versuchen systematischer Theoriebildung – etwa in Mertons Anomietheorie von 1949 (Merton 1995: Kap. 4–5) – in erster Linie die Exegese eines Klassikers, in diesem Fall Durkheims. C. Wright Mills (1960) erweiterte die „classic tradition in sociological thinking" u. a. um Karl Marx (1818–1883), Thorstein Veblen (1857–1929) und Karl Mannheim (1893–1947); sogar der totgesagte Spencer kam wieder zu Ehren. Seit den 1960er Jahren stellte dieser theoretisch alles andere als einheitliche „classical canon" das Fundament der Fachidentität dar: „reference to the classics has become a badge of membership in a professional community" (Connell 1997: 1545).

Dieser Kanon verschaffte der Soziologie eine Legitimation, mit der man der Krise, die nach außen zu einem Prestigeverlust und im Inneren zur Desintegration des Fachs geführt hatte, dauerhaft zu entkommen hoffte. In dieser Hinsicht muss auch der pathetische Duktus der Kanonbildung verstanden werden. Die Rede war von einem „goldenen Zeitalter" der Soziologie, als ihre „Gründerväter" wie „Riesen" über die Erde schritten. Man selbst lebte zugegebenermaßen in einer Zeit des Niedergangs (Connell 1997: 1513, 1540), meinte aber, sich als Epigonen im Glanz der Klassiker sonnen zu können: „Inheritors of a golden age, beares of the insights of great thinkers, sociologists had weight in the world – in their own eyes and, increasingly, in the eyes of students" (Connell 1997: 1541). Diese Einstellung sollte die Soziologie in Westeuropa und der restlichen Welt übernehmen: „the canon on a world scale did what it had already done in the United States: providing a symbolic focus, a shared language, and some kind of identity, for academics and students in sociology" (Connell 1997: 1544).

Die Folgen waren gravierend. Connell konstatiert abschließend, dass der Klassikerdiskurs spätestens seit den 1990er Jahren die systematische Theoriebildung überfrachtet, die sich immer mehr darauf beschränkt, die Klassiker aus neuen Perspektiven wiederzuentdecken (Connell 1997: 1512). Daher fordert er: „What we need instead of 'classical theory' is better history – sociological history – and an inclusive way of doing theory" (Connell 1997: 1546).

Der Klassikerdiskurs als Mythenbildung

Der Klassikerdiskurs der Soziologie hat Connells Studie entweder gar nicht (Allan 2010; Dubet 2007; JCS 2001; Kaesler 2003; Kauzlarich 2005; Münch 2002; Turner 1999) oder nur marginal (Barlösius 2004; Bratton et al. 2009; Ritzer 2008) rezipiert. Dies ist umso bedauerlicher, als Connells Analyse zunehmend Bestätigung findet.

Die Soziologie des ausgehenden 19. und beginnenden 20. Jahrhunderts mit ihrem internationalen Gepräge (Schrecker 2010) verfügte tatsächlich über einen relativ einheitlichen theoretischen Bezugsrahmen. Das war nicht einmal ihr Verdienst, weil sie die Fortschrittstheorien, die diesen Bezugsrahmen bildeten, nicht selbst formulieren musste, sondern der Aufklärungsphilosophie bzw. den nachfolgenden Geschichtsphilosophien entnehmen konnte (Kondylis 1986; Wagner 2007). Dies gilt nicht nur für die Soziologie in Frankreich, Großbritannien und den USA (Breslau 2007), sondern trotz Romantik und Historismus auch für die Soziologie in Deutschland (Steinmetz 2006; Zimmerman 2006). Mit den Fortschrittstheorien hatte man auch das Superioritätsbewusstsein übernommen, mit dem der Westen seit jeher den anderen begegnete, um sie als Barbaren, Heiden, Wilde oder Primitive zu bezeichnen und zu kolonialisieren. Dadurch geriet die Soziologie zu einer „Grand Ethnography", die zum Hochimperialismus passte (Steinmetz 2009; 2011; Wagner 1999; Zimmerman 2011).

Dass man auf die Diskreditierung der Fortschrittstheorien nach dem Ersten Weltkrieg mit der Bestimmung eines „classical canon" reagierte, hat Connell ebenso plausibel dokumentiert, auch wenn er bisweilen im Allgemeinen bleibt (Steinmetz 2007: 359) und etwa die paradox anmutende Wiederkehr der Fortschrittstheorien im Gewande der Modernisierungstheorien nicht erläutert, die nach dem Zweiten Weltkrieg auf die Entwicklungshilfepolitik der USA hin einsetzte und Spencer rehabilitierte.

Allein, so gehaltvoll seine Studie in empirischer Hinsicht ist, Connell hat weder eine Theorie, mit der man den Klassikerdiskurs erklären könnte, noch kommen ihm die weiteren Folgen in den Blick, die mit der Übernahme der Begriffe Kanon und Klassik in die Soziologie einhergehen. Um beidem abzuhelfen, bietet sich Jan Assmanns (2000) Theorie des kulturellen Gedächtnis an. Bereits Donald N. Levine hat mit Bezug auf die Theorie des kollektiven Gedächtnis von Maurice Halbwachs auf die Bedeutung hingewiesen, die das kollektive Gedächtnis der Soziologie für ihre Fachidentität hat (Halbwachs 1967; 1985; Levine 1995: 10–11). Assmann hat Halbwachs' Theorie zu einer Theorie des kulturellen Gedächtnis weiterentwickelt und dabei noch entschiedener betont, dass das Identitätsbewusstsein der Mitglieder eines Kollektivs nichts ist, das sich von selbst einstellt, sondern etwas, das konstruiert werden muss. Dabei verwendet er auch die Begriffe Kanon und Klassik. Wenn man seine Definition dieser Begriffe akzeptiert, dann liefert seine Theorie eine Erklärung der Daten Connells und erhellt die weiteren Folgen, die entstehen, wenn man diese Begriffe in eine empirische Wissenschaft wie die Soziologie einführt.

Das kollektive Gedächtnis ist keine Wesenheit im Sinne eines Gruppengeistes, sondern besteht aus gemeinsamen Erinnerungen, die entweder persönlich verbürgt oder überliefert sind. Daher umfasst es zwei Bereiche (Assmann 2000: 48–56). Als

„kommunikatives Gedächtnis" ist es ein durch Gespräche vermittelter Bestand gemeinsamer Erinnerungen, der sich auf die jüngste Vergangenheit bezieht und mit seinen Trägern entsteht und vergeht, wie etwa das Generationengedächtnis. Als „kulturelles Gedächtnis" ist es ein durch Symbole vermittelter und in der Generationenfolge überlieferter Bestand gemeinsamer Erinnerungen, der tief in die Vergangenheit hineinreichen und seine Träger für lange Zeit überdauern kann. Das kulturelle Gedächtnis ist aus Zerdehnungen von Gesprächssituationen entstanden, die bei räumlicher Distanz auftraten (Assmann 2000: 21–23). Man musste Symbole und Speicher entwickeln, um die Mitteilungen in feste Formen zu bringen, so dass man sie auch nach längerer Zeit noch empfangen konnte.

Spätestens mit der Erfindung der Schrift und dem Verfassen von Texten war der Generationenhorizont überschritten. Seitdem kann man die Gegenwart eines Kollektivs im Lichte seiner Vergangenheit erhellen und das Identitätsbewusstsein seiner Mitglieder von einem Ursprung her begründen. Daran beteiligen sich nicht alle Mitglieder, sondern nur Spezialisten, denen potenziell alle überlieferten Symbole zur Verfügung stehen (Assmann 2000: 54). Je nach ihren Sinnbedürfnissen treffen sie jedoch eine Auswahl, die sie zu einer Erzählung verbinden. In dieser Erzählung bestimmen sie ausgehend von vorhandenen Gleichartigkeiten oder Gemeinsamkeiten ein Fundament des Identitätsbewusstseins der Mitglieder und weisen es von einem Ursprung her aus. Diese Erzählung vermitteln sie den Mitgliedern, die sich mit diesem Fundament identifizieren können.

Für Assmann sind solche Erzählungen „fundierende Geschichten", die er als „Mythen" bezeichnet (Assmann 2000: 52, 75–76). Mythen können prinzipiell zwei Funktionen erfüllen. Sie können im eigentlichen Sinne „fundierend" sein, wenn sie die Gegenwart in das Licht einer Vergangenheit stellen, die sie als sinnvoll erscheinen lässt (Assmann 2000: 79). Sie können aber auch „kontrapräsentisch" sein, wenn sie von Defizienzerfahrungen der Gegenwart ausgehen und eine glorreiche Vergangenheit beschwören: „Von diesen Erzählungen her fällt ein ganz anderes Licht auf die Gegenwart: Es hebt das Fehlende, Verschwundene, Verlorene, an den Rand Gedrängte hervor und macht den Bruch bewußt zwischen ‚einst' und ‚jetzt'. Hier wird die Gegenwart weniger fundiert als vielmehr […] gegenüber einer größeren und schöneren Vergangenheit relativiert" (Assmann 2000: 79). Diese beiden Funktionen müssen sich nicht gegenseitig ausschließen: „Es gibt […] mythisch geformte Erinnerungen, die beides zugleich sind" (Assmann 2000: 79).

Nun gibt es empirische Wissenschaften, die insofern privilegiert sind, als sie einen mehr oder weniger einheitlichen theoretischen Bezugsrahmen haben, der ihnen als Fundament des Identitätsbewusstseins ihrer Mitglieder dient. In diesen Wissenschaften haben Mythen in der Regel nur eine fundierende Funktion. Die Wissenschaftshistoriker als die mit dem kulturellen Gedächtnis der Fächer vertrauten Spezialisten können in ihren Erzählungen den gegenwärtigen Stand des Wissens von einem Ursprung her, der wie bei der Physik weit zurück in der Antike liegen kann, als Folge eines Erkenntnisfortschritts erscheinen lassen, zu dem eine lange Kette von Wissenschaftlern beigetragen hat. Das kann mit unterschiedlichen Modellen wissenschaftlichen Fortschritts geschehen, was an der fundierenden Funktion der Erzählungen nichts ändert.

Die Soziologie der 1920er Jahre gehörte nicht zu diesen privilegierten Wissenschaften. Mit den Fortschrittstheorien hatte sie einen relativ einheitlichen theoretischen Bezugsrahmen verloren. Diese Defizienzerfahrung verleitete die Wissenschaftshistoriker, aber auch manchen systematischen Theoretiker, zur Beschwörung der Vergangenheit im Sinne eines Goldenen Zeitalters, um anschließend die Theorien seiner Repräsentanten zu einem Kanon klassischer Texte zusammenzufassen und zum Fundament des Identitätsbewusstseins der Mitglieder ihres Fachs zu machen. Dieser Klassikerdiskurs ist eine Mythenbildung, die kontrapräsentisch und fundierend zugleich ist. Einerseits relativiert er die Gegenwart gegenüber einer größeren Vergangenheit, deren Bewohner er zu Gründervätern stilisiert, die den Ursprung des Fachs markieren. Andererseits erkennt er in eben dieser Vergangenheit ein Surrogat für den verlorenen Bezugsrahmen, so dass es möglich wird, das Fach nach dem Bruch zwischen einst und jetzt fortzuführen: „Man kann die Kanonisierung als Ersatz oder – weniger negativ – als Alternative zur bislang gescheiterten Systematisierung des Theoriewissens auffassen, deren konsensuale Verbindlichkeit indes ähnlich hoch ist" (Barlösius 2004: 530).

Brüche zwischen einst und jetzt

Es ist dieser in der Krise der 1920er Jahre erlebte Bruch, der die soziologische Klassik *als Klassik* allererst hat entstehen lassen. Darin unterscheidet sich die soziologische Klassik nicht von der antiken Klassik, für die Assmann zufolge der Bruch zwischen der griechischen und der hellenistischen Kultur konstitutiv war:

> „Nicht die Fortsetzung, sondern der Bruch hebt ‚das Alte' auf den Sockel unerreichbarer Vollendung. Allerdings darf dieser Bruch nicht vollständig sein. Damit Klassik entstehen kann, muß einerseits ein Bruch eintreten, der die Tradition unfortsetzbar macht und als *Altertum* stillstellt, und muß andererseits ein Akt der Identifikation über diesen Bruch hinweggehen, der die vergangene Vergangenheit als die eigene erkennt und in den Alten die Meister schlechthin. Die Vergangenheit muß vergangen, aber nicht fremd sein" (Assmann 2000: 278).

Auch Salvatore Settis (2004) geht davon aus, dass die antike Klassik das Produkt einer kontrapräsentischen Sicht war. Der Ausgang des Peloponnesischen Kriegs

(431–404 v. Chr.) hatte einen Bruch markiert, der Gefühle des Niedergangs und der Nostalgie erzeugte. Die „Sehnsucht der Intellektuellen" nach der vergangenen kulturellen Größe Griechenlands spiegelte ein „weitverbreitetes Gefühl der Marginalisierung der *poleis* (angefangen von Athen) auf der Bühne der großen Politik" wieder (Settis 2004: 70). Man empfand sie um so stärker, als man meinte, dass mit dem Niedergang der *poleis* auch der Kontext verschwinden würde, in dem große Werke geschaffen werden konnten, so dass diese Tradition als unfortsetzbar erscheinen musste. Dazu passte ein Modell der Geschichte, das die Gegenwart gegenüber der Vergangenheit radikal abwertete. Ein solches Modell hatte Dikaiarchos von Messina (375/350–285 v. Chr.), ein Schüler des Aristoteles, entwickelt. Dikaiarchos hatte eine Kulturgeschichte Griechenlands geschrieben, die wie der Lebenslauf eines Individuums einen parabolischen Verlauf nimmt, also nicht auf dem Höhepunkt seiner Reife stehenbleibt, sondern in Analogie zum Tod des Individuums im Niedergang endet (Settis 2004: 68). Dieses Modell wurde sehr einflussreich und verstärkte jene „rückwärts gewandte Sehnsucht der Antike nach ihrer Antike" (Settis 2004: 70, 72), die in der Bibliothek zu Alexandria, dem 700.000 Papyrusrollen umfassenden kulturellen Zentrum des Hellenismus, die Konstruktion der griechischen Klassik motivieren sollte. Mit dieser Identifikation über den Bruch hinweg ist auch der erste Kanon klassischer Texte entstanden:

„Die alexandrinische Form des Umgangs mit der Tradition ist Textkritik, Auslegung und Vermittlung in höchster, bis dahin ungekannter Verfeinerung und Professionalisierung. Die Texte werden gesammelt, katalogisiert (*pinakes*), verglichen. Wortlisten werden angelegt, Worterklärungen zusammengestellt, die sich zu Kommentaren entfalten. […] Das Ausmaß der Textarbeit zwingt zur Selektion. […] Am Ende dieses jahrhundertelangen Auswahlprozesses steht der ‚Kanon der Klassiker' fest" (Assmann 2000: 278–279).

Für die Soziologie markierte der Erste Weltkrieg einen Bruch, der ihre Tradition im Sinne der Fortschrittstheorien unfortsetzbar machte. Dass man sich gleichwohl über diesen Bruch hinweg mit der Vergangenheit identifizieren und in den Alten die Meister schlechthin erkennen konnte, lässt sich damit erklären, dass sie sich ohne Weiteres in einer anderen Hinsicht betrachten ließen, jedenfalls einige von ihnen. Fortschritt und Ordnung waren seit Comte zwei Seiten einer Medaille gewesen (Comte 1848). Stand bis 1914 der Fortschritt im Fokus, so war es nach dem Ersten Weltkrieg und der Weltwirtschaftskrise die Ordnung. Bezeichnenderweise erklärte Parsons Spencer für tot, nicht Durkheim. Spencer stand für Sozialdarwinismus, Durkheim für Solidarität. Damit wurde Spencer zu einem „Ausgeschiedenen" (ekkrithéntes), während Durkheim zu einem „Eingereihten" (enkrithéntes) wurde, wie man in der römischen Antike die „classici", die Mitglieder der „classis", der steuerzahlenden Oberschicht, nennen sollte (Assmann 2000: 279; Settis 2004: 61). So wiederholte sich in der Soziologie des 20. Jahrhunderts ein Prozess der Selektion, den man im hellenistischen Alexandria erfunden hatte. Der Klassikerdiskurs der Soziologie brauchte kein halbes Jahrhundert, dann stand der Kanon klassischer Texte fest (Barlösius 2004: 524–532; Connell 1997: 1541–1544).

Mit der Verabschiedung der Fortschrittstheorien ihrer Klassiker trennte sich die Soziologie auch von dem teleologischen Modell der Geschichte, das diesen Theorien zugrunde gelegen hatte. Diese Theorien hatten die Geschichte mit dem Lebenslauf eines einzelnen Individuums verglichen, aber insofern denaturiert, als sie auf dem Höhepunkt der Reife in einem Zustand der Vollkommenheit enden sollte. Doch anstatt nun wie andere Fächer hinsichtlich ihrer eigenen Geschichte zu Modellen überzugehen, die die Vergangenheit als eine Abfolge von Ereignissen konzipieren, die in einem offenen Prozess des Erkenntnisgewinns Fort- oder Rückschritte darstellen, fixierte sich die Soziologie auf Klassiker. Damit adaptierte sie de facto das parabolische Modell des Dikaiarchos, das in der Renaissance durch die Vorstellung einer Wiedergeburt eine neue Funktion erhalten hatte: Wie die kulturelle Größe der Antike abgestorben war, so konnte sie auch wiedergeboren werden (Settis 2004: 71).

Francesco Petrarca hatte die Antike über den Bruch hinweg, den das Mittelalter als ein seiner Meinung nach finsteres Zeitalter markierte, zu einem Goldenen Zeitalter stilisiert, an dessen leuchtendem Vorbild man sich ein Beispiel (exemplum) nehmen sollte (Curtius 1961: 67–70). Damit hatte er das humanistische Weltbild geschaffen, demzufolge eine dunkle Zwischenzeit ein vergangenes Ideal von seiner möglichen oder schon begonnenen Erneuerung trennt, die damit beide aus dem Kontinuum der Zeit herausgehoben sind (Günther 1979: 33). Die Humanisten waren in erster Linie Literaten, die sich die Grammatik, Rhetorik und Dichtkunst der Alten aneigneten, um so zu schreiben wie sie. Auch der Klassikerdiskurs der Soziologie betont die Vorbildfunktion seiner Klassiker, was nicht zuletzt ihrer Bedeutung im Rahmen der Ausbildung des Nachwuchses geschuldet ist (Barlösius 2004; Connell 1997). Nun macht es freilich einen wesentlichen Unterschied, ob man sich – wie die Humanisten – an literarischen Texten ein Beispiel nimmt oder – wie die Soziologen – an wissenschaftlichen Texten.

Kanon, Klassik und Hypolepse

Schriftkulturen sind in der Generationenfolge zu „textueller Kohärenz" gezwungen, d. h. zur Herstellung eines Beziehungshorizonts, der die alten Texte in neuen Texten präsent hält (Assmann 2000: 101–102). Diese intertextuellen Anschlüsse lassen Variationen durchaus zu, und zwar in dreierlei Form: als Kommentar, als Imitation und als Kritik. Jede dieser Form ist für eine bestimmte Sorte Text typisch.

Kommentiert werden kanonisierte Texte, weil sie als absolute Autoritäten gelten: „Ein Kanon definiert die Maßstäbe dessen, was als schön, groß und bedeutsam zu gelten hat. Und er tut das, indem er auf Werke verweist, die solche Werte in exemplarischer Weise verkörpern" (Assmann 2000: 119). Weil kanonisierte Texte in ihrem Wortlaut ein für allemal festliegen, kann Variation nur in einem anderen Genre – dem Kommentar – erfolgen, der die alten Texte selbst unangetastet lässt. *Imitiert* werden klassische Texte, weil sie als unerreichbare Vorbilder gelten: „Der Begriff der Klassik bezieht sich nicht nur rückwärtsgewandt auf die Rezeption eines als maßgeblich ausgewählten Bestands, sondern auch vorwärtsgewandt auf einen sich von daher eröffnenden Möglichkeitshorizont legitimer Anknüpfungen" (Assmann 2000: 119). Im Unterschied zum Kommentar gehört die Variation demselben Genre an wie die alten Texte. Natürlich werden klassische Texte auch kanonisiert und kommentiert, aber *klassisch* sind sie in ihrer Eigenschaft als Vorbild nachahmender Variation (Assmann 2000: 102, 285).

Es ist kein Zufall, dass die Beispiele für kanonisierte klassische Texte aus dem Genre der Literatur kommen, wie die Texte des Homer, die als Maßstab epischer Dichtung galten und nicht nur unzählige Male kommentiert, sondern auch imitiert wurden, etwa von Vergil, den seinerseits Corippus und Fulgentius imitierten. Allein, so angemessen ein kommentierender und imitierender Umgang hinsichtlich literarischer Texte ist, so unangemessen ist er hinsichtlich wissenschaftlicher Texte. Die Behandlung einer Sammlung wissenschaftlicher Texte als Kanon klassischer Texte führt dazu, dass man ihren Aussagen absolute Autorität und unerreichbare Vorbildlichkeit zuspricht, so dass sie den Charakter „letztinstanzlicher Wahrheiten" erheischen, die man nicht verändern und über die man nicht hinausgelangen kann (Assmann 200: 287).

Die intertextuellen Anschlüsse an wissenschaftliche Texte folgen einer anderen Form der Variation. Solche Texte eröffnen ebenfalls vorwärtsgewandt einen Möglichkeithorizont legitimer Anknüpfungen im Rahmen desselben Genres. Die Variation erfolgt aber nicht imitierend, sondern *kritisierend*. Assmann (2000: 102, 280–292) benutzt dafür den Begriff „Hypolepse". Damit meint er ein Verfahren, mit dem man alte Texte in einen offenen Prozess der Wahrheitssuche einbezieht und kritisch auf ihren Wahrheitsgehalt hin überprüft, weil sie als prinzipiell vorläufig und überholbar gelten. Hypolepse setzt die Einsicht voraus, dass Wahrheit immer nur annäherungsweise zu haben ist. Man akzeptiert, dass man sich in einem laufenden Diskurs befindet, in dem ausnahmslos alle Aussagen auf dem Prüfstand stehen. Sie als kanonische und klassische zu behandeln bedeutet, sie der Wahrheitskontrolle zu entziehen und einen Umgang mit ihnen zu pflegen, der für das Genre der Literatur typisch ist.

Schon Merton (1981: 48) hat die Soziologie in die Nähe jener Geisteswissenschaften gerückt, die sich mit Kunstwerken befassen. Seinen Gedanken zuspitzend lässt sich zeigen, dass der Klassikerdiskurs seinen klassischen Texten tatsächlich den Status von Kunstwerken verleiht. Für Arthur C. Danto liegt jedem Kunstwerk eine metaphorische Struktur zugrunde, nach der ein „*a als b*" beschrieben oder dargestellt wird (Danto 1984: 255). *Napoleon als römischer Kaiser* ist eine Metapher politischer Größe, *Christus als Lamm* ist eine Metapher des Opfers, und selbst Andy Warhols Brillo Boxes erheben den Anspruch, Kunst zu sein, indem sie eine draufgängerische Metapher vorschlagen: *Die Topfreinigerkisten als Kunstwerk* (Danto 1984: 255, 263, 314). Napoleon, Christus und die Brillo Boxes werden nicht verwandelt, sondern nur verklärt, nämlich dadurch, dass sie nun die Attribute von Kaisern, Lämmern oder Kunstwerken tragen. Eine Metapher liegt auch den klassischen Texten der Soziologie zugrunde. *Wissenschaftliche Texte als kanonisierte Klassiker* zu beschreiben, wie es im Klassikerdiskurs geschieht, heißt, sie ebenfalls zu verklären. Sie tragen nun die Attribute absoluter Autorität und unerreichbarer Vorbildlichkeit, wie man sie von Kunstwerken kennt. Kein Wunder also, dass man sie mittlerweile in „Goldrahmen" (Barlösius 2004) hängt.

Die Begriffe Kanon und Klassik sind Metaphern, wenn man sie in einer empirischen Wissenschaft wie der Soziologie benutzt. Man überträgt die Autoritäts- und Vorbildfunktion, die ein Kanon klassischer Texte in der Literatur hat, auf wissenschaftliche Texte. Das aber ist ein Kategorienfehler. Klassiker können in der Literatur Vorbilder für weitere Literatur und zweifellos auch von wissenschaftlichem Interesse sein, nämlich als Gegenstand der mit Literatur befassten Geisteswissenschaften. In der Soziologie behindern sie die systematische Theoriebildung und vereiteln damit von vornherein jede Chance, einen neuen einheitlichen theoretischen Bezugsrahmen zu formulieren, der wie in anderen empirischen Wissenschaften als Fundament des Identitätsbewusstseins der Fachvertreter dienen könnte.

Tatsächlich mündete das um die Vorstellung von Wiedergeburt ergänzte parabolische Modell in ein „Kreislaufmodell", „das unendliche Wiederholungen erlaubte und eine unaufhörliche Abfolge von kulturellen Katastrophen und darauffolgenden Wiedergeburten vorsah" (Settis 2004: 71). Dadurch wurde jede Zeit idealisier- und wiederholbar und der Begriff der Klassik inflationär. Der Klassikerdiskurs der Soziologie erweckt den Eindruck, ein solches Modell zu betreiben, seitdem er dazu übergegangen ist, auch Größen wie Parsons und Merton oder die schon genannten Bourdieu, Coleman, Giddens und Luhmann, die alle *nach* dem durch den Ersten Weltkrieg markierten Bruch publizierten, als Klassiker zu behandeln. Die rückwärts gewandte Sicht dieses Diskurses wird von Generation zu Generation mit ihren je eigenen gesellschaftlichen und wissenschaftlichen Katastrophen (Hobsbawm 1999) reproduziert und von einer entsprechenden Krisenrhetorik flankiert (Berger 1994; Gouldner

1970; Lopreano & Crippen 1999; Savage & Burrows 2007; Weiß 1989). Dies kon-
terkariert jedwede Vorstellung wissenschaftlichen Fortschritts, was zu absurden
Aussagen führt, wie zu der bereits zitierten, dass sich die Soziologie „im ständigen
Rekurs auf eben die Klassiker weiterentwickelt, indem sie diese immer wieder aus
neuen Perspektiven betrachtet und insofern permanent (wieder)entdeckt" (Kaesler
2003: 28).

Fortschritt und Einheit durch Reduktion von Theorien

Um aus diesem Kreislauf auszubrechen, kann sich die Soziologie einmal mehr an
der Physik orientieren, in der Fortschritte in der Theoriebildung durch die Reduktion
von Theorien aufeinander stattfinden: „Von zwei empirisch bewährten physikalischen Theorien T und T' ist T' ein Fortschritt gegenüber T (in der Anwendung:
ihrem Vorgänger), wenn 1.) T auf T' reduzierbar ist; 2.) im Sinne der Reduktion
unter 1.) die empirischen Erfolge von T auch als Erfolge von T' erscheinen; 3.) T'
neue empirische Erfolge hat" (Scheibe 2007: 301; 1997). Damit verschiebt sich die
Frage nach dem Fortschritt in der Theoriebildung auf die Frage, was man unter der
Reduktion von Theorien zu verstehen hat, wobei vorausgesetzt ist, dass sich der
empirische Erfolg von Theorien irgendwie erkennen lässt. Was also bedeutet Reduktion in diesem Zusammenhang?

Wenn in der vorliegenden Publikation bislang von „Reduktion" die Rede war, dann
war damit stets die Reduktionsgattung der *„interlevel Reduktion"* gemeint, die sich
auf „das Verhältnis von *verschiedenen Gegenstandsbereichen"* bezieht, sei dies nun
in ontologischer Perspektive (Eigenschaften der *B*-Ebene reduziert auf Eigenschaften der *A*-Ebene) oder epistemologischer Perspektive (Theorien einer Einzelwissenschaft, die sich mit den Eigenschaften von Systemen auf einer *B*-Ebene befasst,
reduziert auf Theorien einer Einzelwissenschaft, die sich mit Eigenschaften von
Systemen auf einer *A*-Ebene befasst) (Hoyningen-Huene 2007: 178–180). Neben
dieser bereichsverbindenden, synchronen Reduktion gibt es die *„sukzessive Reduktion"*, die eine zweite Reduktionsgattung markiert; diese diachrone Reduktion bezieht sich auf „das Verhältnis von *historisch aufeinanderfolgenden* Theorien, die im
wesentlichen den gleichen Gegenstandsbereich haben" (Hoyningen-Huene 2007:
178). So hat man z. B. in der Physik die klassische Mechanik (Vorgänger-Theorie T)
auf die spezielle Relativitätstheorie für große Geschwindigkeiten (Nachfolger-
Theorie T') reduziert.

Prinzipiell können Reduktionen *„retentiv"* oder *„eliminativ"* sein, d. h. das Redu-
zierte kann entweder weiterhin eine Rolle spielen oder aber aufgegeben werden
(Hoyningen-Huene 2007: 186). Interlevel-Reduktionen sind in der Regel retentiv,
nicht zuletzt weil es bei komplexeren Eigenschaften um Funktionen geht, für deren
Beschreibung die Einzelwissenschaften ein eigenes Begriffvokabular und eigene

Theorien entwickeln. Auch sukzessive Reduktionen können retentiv sein, wenn die Vorgängertheorien weiterhin von Nutzen sind, wie z. B. die klassische Mechanik im Bereich nicht zu großer Geschwindigkeiten. Demgegenüber können Vorgängertheorien, die sich als entbehrlich erweisen, eliminiert werden. Darauf zielte Merton mit seiner Forderung nach einer „Tilgung durch Aneignung" des in den Vorgängertheorien kumulierten Wissens ab (Merton 1981: 57).

In der Soziologie vereitelt die fortgesetzte Fixierung auf Klassiker sukzessive Reduktionen und damit Fortschritte in der Theoriebildung weitgehend. Dementsprechend sind Klassiker die herausragenden Symbole theoretischer Stagnation. Bei den theoretischen Reduktionen, die jenseits der Fixierung auf Klassiker dennoch stattfinden, kann man sowohl retentive als auch eliminative Tendenzen erkennen. Als Beispiel für eine retentive Reduktion kann Bourdieus Rezeption der Charisma-Theorie Webers angeführt werden. Bourdieu kann im Rahmen seiner weiteren Differenzierung seines Kapitalbegriffs die Unterscheidung zwischen institutionellem wissenschaftlichen Kapital und reinem wissenschaftlichen Kapital offensichtlich nur plausibel machen, indem er den Besitzern reinen wissenschaftlichen Kapitals „etwas Charismatisches" zuschreibt, weil ihr Erfolg von ihren „persönlichen ‚Gaben'" abhängt (Bourdieu 1998: 32). In der Wissenschaftsforschung setzt man freilich immer mehr auf Theorien wissenschaftlicher Kreativität, Originalität und Serendipität, so dass man Webers Charisma-Theorie nicht länger braucht und eliminieren kann (Andel 1994; Dirk 1999; Goodenough 1993; Guetzkow et al. 2004; Joerges 1977; Merton 1973; Merton & Barber 2004). Die konsequentesten Beispiele für eliminative Reduktionen hat Luhmann vorgelegt, der sich von der Fixierung auf Klassiker frei machte und seine Systemtheorie in einem Begriffsvokabular formulierte, das sich bei der Kybernetik, der Computertheorie, der Biologie und einer Neuauflage der Philosophie des Deutschen Idealismus bediente (Luhmann 1984; 1992; 1998; Wagner 2000).

Allerdings hat Luhmann mit seinem rigiden „Eliminierungsprogramm" konsequent auf eine facheinheitliche Theorie hin gearbeitet, die er als „Supertheorie" bezeichnete (Luhmann 1978: 16–17). Seine „Konsolidierung des Faches unter *einem* ‚Paradigma'" ist zwar gescheitert, weil sie zu den vorhandenen Theorien nur eine Beziehung der Negativität aufbauen konnte, so dass sie zu Zwecken der eigenen Erbauung das in ihnen kumulierte Wissen tilgte, ohne es sich angeeignet zu haben (Luhmann 1978: 98, 19–20, 23; Wagner 1995). Gleichwohl bleibt die Aufgabe bestehen, eine konsensfähige ansatzübergreifende Konzeptebene zu formulieren, die als facheinheitliche Position fungieren kann: für die Wissenschaftstheorie der Soziologie im Besonderen sowie für die soziologische Theoriebildung im Allgemeinen.

In der Physik erfolgt die Formulierung einer facheinheitlichen Position durch Vereinigung der vorhandenen Theorien auf dem Wege des Übergangs von „*lokalem*

Fortschritt" zu „*globalem* Fortschritt" in der Theoriebildung (Scheibe 2007: 313). Dabei meint lokaler Fortschritt den unmittelbaren Fortschritt von einer Theorie zur nächsten. Zu globalem Fortschritt gelangt man durch den Aspekt der Transitivität: Wenn die Theorie T' einen Fortschritt gegenüber der Theorie T darstellt und die Theorie T" einen Fortschritt gegenüber T', dann stellt T" auch einen Fortschritt gegenüber T dar. Dadurch eröffnet sich die Möglichkeit, „die bisherigen Einsichten auf *größere Zeiträume* und ihren entsprechend größeren Gehalt an Theorien auszudehnen" (Scheibe 2007: 313). Der nächste Schritt ist sodann die „*Zusammenführung*" der bis dahin unabhängigen Theorien in eine umfassendere Theorie, wodurch die „lineare, transitive Hierachie" eine „Baumstruktur" erhält: „Keplers Gesetze und Galileis Fallgesetz wurden in Newtons Gravitationstheorie vereinigt. Die lange Zeit getrennt entwickelten Theorien der elektrischen, magnetischen und optischen Erscheinungen wurden in Maxwells Elektrodynamik zusammengefasst" (Scheibe 2007: 314).

In eben diesem Sinne hat die vorliegende Publikation versucht, Aspekte der soziologischen Theorien Simmels, Bourdieus, Webers und Luhmanns, die sich der Herausforderung der Physik gewachsen zeigen und sich daher als anschlussfähig erweisen, zusammenzuführen und in einen umfassenden interdisziplinären Bezugsrahmen einzufügen. Diese Zusammenführung auf den Nenner „soziale Physik" zu bringen ist mindestens so gerechtfertigt wie die heutigen Netzwerktheorien als „neue soziale Physik" zu bezeichnen (Crossley 2005; Scott 2011; Urry 2004). Tatsächlich verbinden die Netzwerktheoretiker nur eine verkürzte Bedeutung mit dem Begriff „soziale Physik", der die physikalischen Konnotationen der in der Soziologie eingeübten Begriffe Wechselwirkung und Kraftfeld völlig entgehen. Die „neue soziale Physik" scheint denn auch nicht über Metaphern hinauszukommen. Wenn sie wirklich zu einer sozialen *Physik* werden will, dann braucht sie die metonymische Perspektive der „alten" sozialen Physik, die ihr nicht zuletzt auch den Anschluss an den interdisziplinären Diskurs der anderen Einzelwissenschaften eröffnet.

6   Fazit

Die vorliegende Publikation zur Wissenschaftstheorie der Soziologie hat eine fach-einheitliche wissenschaftstheoretische Position vorgeschlagen, die insofern konsens-fähig ist, als sie der Herausforderung gerecht wird, welche die Physik für die Ein-zelwissenschaften und damit auch für die Soziologie darstellt. Diese Position lässt sich als „soziale Physik" bezeichnen. Sie ist nicht nur in der Lage, den Gegenstand der Soziologie (ontologische Dimension) in einer Weise zu bestimmen, die der kau-salen und nomologischen Vollständigkeit des physikalischen Bereichs entspricht. Sie ist auch in der Lage, die Methode der Soziologie (epistemologische Dimension) in einer der explanatorischen Vollständigkeit des physikalischen Bereichs entsprechen-den Weise zu bestimmen.

Beides konnte freilich nur ansatzweise entwickelt werden, was der heuristischen Perspektive dieser Publikation geschuldet ist. In dieser Publikation sollte es sowohl im wortwörtlichen als auch im übertragenen Sinne „um's Ganze" gehen, nämlich um die Formulierung eines interdisziplinär anschlussfähigen wissenschaftstheoretischen Konzepts, das dem Fach als einheitliche Basis dienen kann, so dass es aus dem Teu-felskreis seiner Krisenrhetorik und Klassikerfixierung ausbrechen kann. Die detail-lierte Ausarbeitung dieses Konzepts sollte in weiteren Studien erfolgen, möglichst im Rahmen einer disziplinären wie interdisziplinären Kooperation.

Tatsächlich haben bereits Rainer Greshoff und Michael Schmid angesichts der fort-schreitenden multiplen Paradigmatase der Soziologie zu einem „Gemeinschafts-unternehmen" aufgerufen, das in kleinen Forschergruppen eine „neue Theorienver-gleichsdebatte" führen soll, um ein „disziplinintegrierendes Theorienprofil" zu erarbeiten (Greshoff 2010: 9; Schmid 2009). Diese neue Debatte muss nicht zwangs-läufig scheitern. Aber ohne eine hinlänglich konturierte und provokante Diskus-sionsgrundlage ist die Wahrscheinlichkeit sehr hoch, dass sie ebenso wie die alte der 1970er Jahre im Sande verläuft. Der vorliegende Grundriss mag als eine solche Diskussionsgrundlage dienen.

Literatur

Addis, A., 2007: The concept of critical mass in legal discourse. In: *Cardozo Law Review* 29: 97–148.

Agassi, J., 1960: Methodological individualism. In: *British Journal of Sociology* 11: 244–270.

Alexander, J. C., 1987: The centrality of the classics. In: A. Giddens & J. H. Turner (Hg.), *Social Theory Today*. Cambridge: Polity Press: 11–57.

Alexander, J. C., 1998: *Neofunctionalism and After*. Malden: Blackwell.

Allan, K., 2010: *Classical Sociological Theory: Seeing the Social World*. Los Angeles: Pine Forge Press.

Andel, P. v., 1994: Anatomy of the unsought finding: serendipity: origin, history, domains, traditions, appearances, patterns and programmability,. In: *British Journal for the Philosophy of Science* 45: 631–648.

Anderson, B., 1996: *Die Erfindung der Nation: Zur Karriere eines folgenreichen Konzepts*. Frankfurt am Main: Campus.

Arbib, M. A., 2005: From monkey-like action recognition to human language: an evolutionary framework for neurolinguistics. In: *Behavioral and Brain Sciences* 28: 105–124.

Arp, R., 2007: Evolution and the two popular proposals for the definition of function. In: *Journal for General Philosophy of Science* 38: 19–30.

Aspect, A., Dalibard, J. & Roger, G., 1982: Experimental test of Bell's inequalities using time-varying analyzers. In: *Physical Review Letters* 49: 1804–1807.

Aspect, A. & Grangier, P., 1985: Tests of Bell's inequalities with pairs of low energy corre-lated photons: an experimental realization of Einstein-Podolsky-Rosen-type-correlations. In: P. J. Lahti & P. Mittelstaedt (Hg.), *Symposium on the Foundations of Modern Physics. 50 Years of the Einstein-Podolsky-Rosen-Gedankenexperiment*. Singapore: World Scientific: 51–71.

Assmann, J., 2000: *Das kulturelle Gedächtnis: Schrift, Erinnerung und politische Identität in frühen Hochkulturen*. München: C. H. Beck.

Aziz-Zadeh, L., Wilson, S. M., Rizzolatti, G. & Iacoboni, M., 2006: Congruent embodied representations for visually presented actions and linguistic phrases describing actions. In: *Current Biology* 16: 1818–1823.

Baehr, P., 2002: *Founders, Classics, Canons: Modern Disputes over the Origins and Appraisals of Sociology's Heritage*. New Brunswick: Transaction Publishers.

Ball, P., 2002: The physical modelling of society: a historical perspective. In: *Physica* A 314: 1–14.

Ball, P., 2003: The physical modelling of human social systems. In: *Complexus* 1: 190–206.

Ball, P., 2005: *Critical Mass: How One Thing Leads to Another*. London: Arrow Books.

Balzac, H. d., 1977 [1842]: Vorrede zur Menschlichen Komödie. In: C Schmölders (Hg.), *Über Balzac*. Zürich: Diogenes: 255–269.

Balzer, W., 2009: *Die Wissenschaft und ihre Methoden: Grundsätze der Wissenschaftstheorie*. Freiburg: Karl Alber.

Barabási, A.-L., 2002: *Linked: The New Science of Networks*. Cambridge, Mass.: Perseus.

Barlösius, E., 2004: „Klassiker im Goldrahmen": Ein Beitrag zur Soziologie der Klassiker. In: *Leviathan* 32: 514–542.

Barrett, L. & Henzi, P., 2005: The social nature of primate cognition. In: *Proceedings of the Royal Society* B 272: 1865–1875.

Bartels, A., 2000: The idea which we call power: Naturgesetze und Dispositionen. In: *Philosophia Naturalis* 37: 255–268.

Bartels, A. & Stöckler, M. (Hg.), 2007: *Wissenschaftstheorie: Ein Studienbuch*. Paderborn: Mentis.

Bell, J. S., 1964: On the Einstein-Podolsky-Rosen paradox. In: *Physics* 1: 195–200.

Bell, J. S., 1987: Are there quantum jumps? In: J. S. Bell, *Speakable and Unspeakable in Quantum Mechanics*. Cambridge: Cambridge University Press: 201–212.

Berger, P. L., 1994: Does sociology still make sense? In: *Swiss Journal of Sociology* 20: 3–12.

Berger, P. L. & Luckmann, T., 2003 [1966]: *Die gesellschaftliche Konstruktion der Wirklichkeit: Eine Theorie der Wissenssoziologie*. Frankfurt am Main: Fischer Taschenbuch Verlag.

Bernhard, S., 2008: Netzwerkanalyse und Feldtheorie: Grundriss einer Integration im Rahmen von Bourdieus Sozialtheorie. In: C. Stegbauer (Hg.), *Netzwerkanalyse und Netzwerktheorie: Ein neues Paradigma in den Sozialwissenschaften*. Wiesbaden: VS: 121–130.

Bird, A., 2007: *Nature's Metaphysics: Laws and Properties*. Oxford: Clarendon Press.

Bird, A., 2009: Structural propensities revisited. In: T. Handfield (Hg.), *Dispositions and Causes*. Oxford: Oxford University Press: 215–241.

Böhringer, H., 1976: Spuren von spekulativem Atomismus in Simmels formaler Soziologie. In: H. Böhringer & K. Gründer (Hg.), *Ästhetik und Soziologie um die Jahrhundertwende: Georg Simmel*. Frankfurt am Main: Vittorio Klostermann: 105–114.

Bok, D., 2003: *Universities in the Marketplace: The Commercialization of Higher Education*. Princeton: Princeton University Press.

Bourdieu, P., 1974 [1966]: Künstlerische Konzeption und intellektuelles Kräftefeld. In: P. Bourdieu, *Zur Soziologie der symbolischen Formen*. Frankfurt am Main: Suhrkamp: 75–124.

Bourdieu, P., 1976 [1972]: *Entwurf einer Theorie der Praxis auf der ethnologischen Grundlage der kabylischen Gesellschaft*. Frankfurt am Main: Suhrkamp.

Bourdieu, P., 1987 [1979]: *Die feinen Unterschiede: Kritik der gesellschaftlichen Urteilskraft*. Frankfurt am Main: Suhrkamp.

Bourdieu, P., 1992 [1984]: *Homo academicus*. Frankfurt am Main: Suhrkamp.

Bourdieu, P., 1997 [1983]: Ökonomisches Kapital – Kulturelles Kapital – Soziales Kapital. In: Pierre Bourdieu, *Die verborgenen Mechanismen der Macht: Schriften zu Politik & Kultur 1*. Hamburg: VSA: 49–79.

Bourdieu, P., 1998 [1997]: *Vom Gebrauch der Wissenschaft: Für eine klinische Soziologie des wissenschaftlichen Feldes*. Konstanz: UVK.

Bourdieu, P., 2001a [1992]: *Die Regeln der Kunst: Genese und Struktur des literarischen Feldes*. Frankfurt am Main: Suhrkamp.

Bourdieu, P., 2001b [1999]: *Das politische Feld: Zur Kritik der politischen Vernunft*. Konstanz: UVK.

Bourdieu, P., 2001c [1997]: *Meditationen: Zur Kritik der scholastischen Vernunft*. Frankfurt am Main: Suhrkamp.

Bourdieu, P., 2004 [2001]: *Science of Science and Reflexivity*. Chicago: University of Chicago Press.

Bourdieu, P. & Wacquant, L. J. D., 2006 [1992]: *Reflexive Anthropologie*. Frankfurt am Main: Suhrkamp.

Brass, M., Schmitt, R. M., Spengler, S. & Gergely, G., 2007: Investigating action understanding: inferential processes versus action simulation. In: *Current Biology* 17: 2117–2121.

Bratton, J., Denham, D. & Deutschmann, L., 2009: *Capitalism and Classical Sociological Theory*. Toronto: University of Toronto Press.

Braun, N., 2008: Theorie in der Soziologie. In: *Soziale Welt* 59: 373–395.

Braun, N. & Ganser, C., 2011: Fundamentale Erkenntnisse der Soziologie? Eine schriftliche Befragung von Professorinnen und Professoren der deutschen Soziologie und ihre Resultate. In: *Soziologie* 40: 151–174.

Brentano, F., 1973 [1874]: *Psychologie vom empirischen Standpunkt*. Bd. 1. Hamburg: Felix Meiner.

Breslau, D., 2007: The American Spencerians: theorizing a new science. In: C. Calhoun (Hg.), *Sociology in America: A History*. Chicago: University of Chicago Press: 39–62.

Canguilhem, G., 2008 [1975]: The living and its milieu. In: G. Canguilhem, *Knowledge of Life*. New York: Fordham University Press: 98–120 u. 175–178.

Cantor, G., 1895: Beiträge zur Begründung der transfiniten Mengenlehre. In: *Mathematische Annalen* 46: 481–512.

Carrier, M., 2008: *Wissenschaftstheorie zur Einführung*. Hamburg: Junius.

Carrington, P. J., Scott, J. & Wasserman, S. (Hg.), 2005: *Models and Methods in Social Network Analysis*. Cambridge: Cambridge University Press.

Cassirer, E., 2000 [1910]: *Substanzbegriff und Funktionsbegriff: Untersuchungen über die Grundfragen der Erkenntniskritik*. Darmstadt: WBG.

Castellani, B. & Hafferty, F. W., 2009: *Sociology and Complexity Science: A New Field of Inquiry*. Heidelberg: Springer.

Chaisson, E. J., 2002: *Cosmic Evolution: The Rise of Complexity in Nature*. Cambridge, Mass.: Harvard University Press.

Chalmers, A. F., 2006: *Wege der Wissenschaft: Einführung in die Wissenschaftstheorie*. Berlin: Springer.

Cherkaoui, M., 1997: General introduction: the classical tradition in European sociology. In: R. Boudon, M. Cherkaoui & J. C. Alexander (Hg.), *The Classical Tradition in Sociology: The European Tradition*. Bd. 1. London: Sage: i–xvi.

Clayton P. & Davies, P. C. W. (Hg.), 2006: *The Re-Emergence of Emergence: The Emergentist Hypothesis from Science to Religion*. Oxford: Oxford University Press.

Coleman, J. S., 1991–1994: *Grundlagen der Sozialtheorie*. 3 Bde. München: Oldenbourg.

Comte, A., 1838: *Cours de philosophie positive*. Bd. 3: *La philosophie chimique et la philosophie biologique*. Paris: Bachelier.

Comte, A., 1848: *République occidentale: Ordre et progrès*. Paris: Mathias.

Comte, A., 1907a [1839]: *Soziologie*. Bd. 1: *Der dogmatische Teil der Sozialphilosophie*. Jena: Gustav Fischer.

Comte, A., 1907b [1841]: *Soziologie*. Bd. 2: *Historischer Teil der Sozialphilosophie: Theologische und metaphysische Periode*. Jena: Gustav Fischer.

Comte, A., 1911 [1842]: *Soziologie*. Bd. 3: *Abschluß der Sozialphilosophie und allgemeine Folgerungen*. Jena: Gustav Fischer.

Comte, A., 1973 [1822/24]: *Plan der wissenschaftlichen Arbeiten, die für eine Reform der Gesellschaft notwendig sind*. München: Hanser.

Comte, A., 1974: *Die Soziologie: Die Positive Philosophie im Auszug*. Stuttgart: Kröner.

Comte, A., 1975 [1825/26]: Betrachtungen über die geistliche Gewalt. In: R. Schäfer (Hg.), *Saint-Simonistische Texte*. Aalen: Scientia: 299–378.

Connell, R. W., 1997: Why is classical theory classical? In: *American Journal of Sociology* 102: 1511–1557.

Coser, L. A., 1956: *The Functions of Social Conflict*. Glencoe: Free Press.

Crossley, N., 2005: The new social physics and the science of small world networks. In: *Sociological Review* 53: 351–359.

Csibra, G. & Gergely, G., 2007: „Obsessed with goals": functions and mechanisms of teleological interpretation of actions in humans. In: *Acta Psychologica* 124: 60–78.

Curtius, E. R., 1961: *Europäische Literatur und lateinisches Mittelalter*. Bern: Francke.

Dahrendorf, R., 1977 [1958]: *Homo Sociologicus: Ein Versuch zur Geschichte, Bedeutung und Kritik der Kategorie der sozialen Rolle*. Opladen: Westdeutscher Verlag.

Danto, A. C., 1984: *Die Verklärung des Gewöhnlichen: Eine Philosophie der Kunst*. Frankfurt am Main: Suhrkamp.

Decety, J. & Sommerville, J. A., 2003: Shared representations between self and other: a social cognitive neuroscience view. In: *Trends in Cognitive Sciences* 7: 527–533.

Decety, J., Jackson, P. L., Sommerville, J. A., Chaminade, T. & Meltzoff, A. N., 2004: The neural bases of cooperation and competition: an fMRI investigation. In: *NeuroImage* 23: 744–751.

Decety, J. & Grèzes, J., 2006: The power of simulation: imagining one's own and other's behavior. In: *Brain Research* 1079: 4–14.

Dennett, D. C., 1978: *Brainstorms: Philosophical Essays on Mind and Psychology*. Montgomery: Bradford.

Diaz-Bone, R. (Hg.), 2011: *Soziologie der Konventionen: Grundlagen einer pragmatischen Anthropologie*. Frankfurt am Main: Campus.

Dilmac, B., 2008: Die Vermischung von literarischem und naturwissenschaftlichem Diskurs bei Michel Houellebecq. In: T. Klinkert & M. Neuhofer (Hg.), *Literatur, Wissenschaft und Wissen seit der Epochenschwelle um 1800: Theorie – Epistemologie – komparatistische Fallstudien*. Berlin: de Gruyter: 293–312.

Dirk, L., 1999: A measure of originality: the elements of science. In: *Social Studies of Science* 29: 765–776.

Dorato, M., 2006: Properties and dispositions: some metaphysical remarks on quantum ontology. In: A. Bassi, D. Dürr, T. Weber & N. Zanghi (Hg.), *Quantum Mechanics: American Institute of Physics: Conference Proceedings*. New York: Melville: 139–157.

Dorato, M., 2007: Dispositions, relational properties, and the quantum world. In: M. Kistler & B. Gnassounou (Hg.), *Dispositions and Causal Powers*. Aldershot: Ashgate: 249–270.

Dorato, M. & Esfeld, M., 2010: GRW as an ontology of dispositions. In: *Studies in History and Philosophy of Modern Physics* 41: 41–49.

Dore, R. P., 1961: Function and cause. In: *American Journal of Sociology* 26: 843–853.

Dubet, F., 2007: Why remain „classical"? In: *European Journal of Social Theory* 10: 247–260.

Durkheim, E., 1976 [1898]: Individuelle und kollektive Vorstellungen. In: E. Durkheim, *Soziologie und Philosophie*. Frankfurt am Main: Suhrkamp: 45–83.

Durkheim, E., 1984 [1895]: *Die Regeln der soziologischen Methode*. Frankfurt am Main: Suhrkamp.

Durkheim, E., 1988 [1893]: *Über soziale Arbeitsteilung: Studie über die Organisation höherer Gesellschaften*. Frankfurt am Main: Suhrkamp.

Einstein, A. & Grossmann, M., 1913: Entwurf einer verallgemeinerten Relativitätstheorie und einer Theorie der Gravitation. In: *Zeitschrift für Mathematik und Physik* 63: 225–264.

Einstein, A., Podolsky, B. & Rosen, N., 1935: Can quantum-mechanical description of physical reality be considered complete? In: *Physical Review* 47: 777–780.

Einstein, A. & Infeld, L., 2004 [1938]: *Die Evolution der Physik*. Reinbek: Rowohlt.

Elder-Vass, D., 2007: Luhmann and emergentism: competing paradigms for social systems theory? In: *Philosophy of the Social Sciences* 37: 408–432.

Elias, N., 2003: Figuration. In: B. Schäfers (Hg.), *Grundbegriffe der Soziologie*. Opladen: Leske + Budrich: 88–91.

Elias, N., 2009 [1970]: *Was ist Soziologie?* Weinheim: Juventa.

Emirbayer, M., 1997: Manifesto for a relational sociology. In: *American Journal of Sociology* 103: 281–317.

Engels, F, 1988 [1878]: *Herrn Eugen Dührings Umwälzung der Wissenschaft (Anti-Dühring)*. *Karl Marx, Friedrich Engels Gesamtausgabe (MEGA)*. Abt. 1. Bd. 27. Berlin: Akademie Verlag.

English, H. B., 1937: Symbolic versus functional equivalents in the neurosis of deprivation. In: *Journal of Abnormal and Social Psychology* 32: 392–394.

Esfeld, M., 2002: *Holismus in der Philosophie des Geistes und in der Philosophie der Physik*. Frankfurt am Main: Suhrkamp.

Esfeld, M., 2003: Holismus und Atomismus in den Geistes- und Naturwissenschaften: Eine Skizze. In: A. Bergs & S. I. Curdts (Hg.), *Holismus und Individualismus in den Wissenschaften*. Frankfurt am Main: Peter Lang: 7–21.

Esfeld, M., 2005: *Philosophie des Geistes: Eine Einführung*. Bern: Bern Studies in the History and Philosophy of Science.

Esfeld, M., 2006: Der neue Reduktionismus. In: G. Abel (Hg.), *Kreativität: XX. Deutscher Kongress für Philosophie: Kolloquien*. Hamburg: Felix Meiner: 951–965.

Esfeld, M., 2007a: Kausalität. In: A. Bartels & M. Stöckler (Hg.), *Wissenschaftstheorie: Ein Studienbuch*. Paderborn: Mentis: 89–107 u. 339–341.

Esfeld, M., 2007b: Mental causation and the metaphysics of causation. In: *Erkenntnis* 67: 207–220.

Esfeld, M., 2008a: *Naturphilosophie als Metaphysik der Natur*. Frankfurt am Main: Suhrkamp.

Esfeld, M., 2008b: Die Metaphysik dispositionaler Eigenschaften. In: *Zeitschrift für philosophische* Forschung 62: 323–342.

Esfeld, M., 2008c: Mentale Verursachung und die neue Reduktionismus-Debatte in der Philosophie des Geistes. In: P. Spät (Hg.), *Zur Zukunft der Philosophie des Geistes*. Paderborn: Mentis: 25–40.

Esfeld, M., 2009: The modal nature of structures in ontic structural realism. In: *International Studies in the Philosophy of Science* 23: 179–194.

Esfeld, M., 2010: Physics and causation. In: *Foundations of Physics* 40: 1597–1610.

Esfeld, M., 2011a: *Einführung in die Naturphilosophie*. Darmstadt: WBG.

Esfeld, M., 2011b: Wozu Dispositionen? Einleitung zum Kolloquium „Die Renaissance von Dispositionen in der gegenwärtigen Naturphilosophie". In: C.-F. Gethmann (Hg.), *Lebenswelt und Wissenschaft. Deutsches Jahrbuch Philosophie 2*. Hamburg: Felix Meiner: 433–439.

Esfeld, M., 2011c: Funktion. In: A. G. Wildfeuer & P. Kolmer (Hg.), *Neues Handbuch philosophischer Grundbegriffe*. Freiburg: Karl Alber: 842–854.

Esfeld, M. & Lam, V., 2008: Moderate structural realism about space-time. In: *Synthese* 160: 27–46.

Esfeld, M. & Sachse, C., 2007: Theory reduction by means of functional sub-types. In: *International Studies in the Philosophy of Science* 21: 1–17.

Esfeld, M. & Sachse, C., 2010: *Kausale Strukturen: Einheit und Vielfalt in der Natur und den Naturwissenschaften*. Berlin: Suhrkamp.

Esfeld, M. & Sachse, C., 2011: Identität statt Emergenz: Plädoyer für einen konservativen Reduktionismus. In: J. Greve & A. Schnabel (Hg.), *Emergenz: Zur Analyse und Erklärung komplexer Strukturen*. Berlin: Suhrkamp: 84–110.

Esser, H., 1993: *Soziologie: Allgemeine Grundlagen*. Frankfurt am Main: Campus.

Esser, H., 1999–2001: *Soziologie: Spezielle Grundlagen*. 6 Bde. Frankfurt am Main: Campus.

Fechner, G. T., 1828: Ueber die Anwendung des Gravitationsgesetzes auf die Atomenlehre. In: *Archiv für die gesammte Naturlehre* 15: 257–290.

Fechner, G. T., 1982 [1855/1864]: *Ueber die physikalische und philosophische Atomenlehre*. Frankfurt am Main. Minerva.

Fodor, J. A., 1968: *Psychological Explanation*. New York: Random House.

Fodor, J. A., 1992: Einzelwissenschaften. Oder: Eine Alternative zur Einheitswissenschaft als Arbeitshypothese. In: D. Münch (Hg.), *Kognitionswissenschaft*. Frankfurt am Main: Suhrkamp: 134–158.

Fogassi, L., Ferrari, P. F., Gesierich, B., Rozzi, S., Chersi, F. & Rizzolatti, G., 2005: Parietal lobe: from action organization to intention understanding. In: *Science* 308: 662–667.

Freudenthal, G., 2002: „Substanzbegriff und Funktionsbegriff" als Zivilisationstheorie bei Georg Simmel und Ernst Cassirer. In: L. Bauer & K. Hamberger (Hg.), *Gesellschaft denken: Eine erkenntnistheoretische Standortbestimmung der Sozialwissenschaften.* Wien: Springer: 251–276.

Fuhse, J. A., 2006: Gruppe und Netzwerk – eine begriffsgeschichtliche Rekonstruktion. In: *Berliner Journal für Soziologie* 16: 245–263.

Fuhse, J. A. & Mützel, S. (Hg.), 2010: *Relationale Soziologie: Zur kulturellen Wendung der Netzwerkforschung.* Wiesbaden: VS.

Fusar-Poli, P., Broome, M. & Stanghellini, G., 2010: From Brentano to mirror neurons: bridging phenomenology and clinical neuroscience. In: *Psychiatry Research: Neuroimaging* 183: 245–246.

Gazzola, V., Aziz-Zadeh, L. & Keysers C., 2006: Empathy and the somatotopic auditory mirror system in humans. In: *Current Biology* 16: 1824–1829.

Gallese, V., 2003: The roots of empathy: the shared manifold hypothesis and the neural basis of intersubjectivity. In: *Psychopathology* 36: 171–180.

Gallese, V., Fadiga, L., Fogassi, L. & Rizzolatti, G., 1996: Action recognition in the premotor cortex. In: *Brain* 119: 593–609.

Gallese, V. & Lakoff, G., 2005: The brain's concepts: the role of the sensory-motor system in conceptual knowledge. In: *Cognitive Neuropsychology* 22: 455–479.

Geiger, R. L., 2004: *Knowledge and Money: Research Universities and the Paradox of the Marketplace.* Stanford: Stanford University Press.

Ghirardi, G. C., 2005: *Sneaking a Look at God's Cards: Unraveling the Mysteries of Quantum Mechanics.* Princeton: Princeton University Press.

Ghirardi, G. C., Rimini, A. & Weber, T., 1986: Unified dynamics for microscopic and macroscopic Systems. In: *Physical Review* D 34: 470–491.

Goodenough, U. W., 1993: Creativity in science. In: *Zygon* 28: 399–414.

Gouldner, A. W., 1970: *The Coming Crisis of Western Sociology.* New York: Basic Books.

Greshoff, R., 2006: „Soziales Handeln" und „Ordnung" als operative und strukturelle Komponenten sozialer Beziehungen. In: K. Lichtblau (Hg.), *Max Webers „Grundbegriffe": Kategorien der Kultur- und sozialwissenschaftlichen Forschung.* Wiesbaden: VS: 257–291.

Greshoff, R., 2008: Ohne Akteure geht es nicht! Oder: Warum die Fundamente der Luhmannschen Sozialtheorie nicht tragen. In: *Zeitschrift für Soziologie* 37: 450–469.

Greshoff, R., 2010: Brauchen wir eine neue Theorienvergleichsdebatte? In: *ZfS-Forum* 2/1: 1–12.

Greve, J., 2006: Max Weber und die Emergenz: Ein Programm eines nicht-reduktionistischen Individualismus? In: G. Albert, A. Bienfait, S. Sigmund & M. Stachura (Hg.), *Aspekte des Weber-Paradigmas: Festschrift für Wolfgang Schluchter*. Wiesbaden: VS: 19–48.

Greve, J., 2007: Zur Reduzibilität und Irreduzibilität des Sozialen in der Handlungs- und der Systemtheorie. In: *Soziale Systeme* 13: 21–31.

Greve, J., 2008: Das Makro-Mikro-Makro-Modell: from reduction to linkage and back again. In: J. Greve, A. Schnabel & R. Schützeichel (Hg.), *Das Mikro-Makro-Modell der soziologischen Erklärung: Zur Ontologie, Methodologie und Metatheorie eines Forschungsprogramms*. Wiesbaden: VS: 49–78.

Greve, J., 2011: Emergenz in der Soziologie: Eine Kritik des nichtreduktiven Individualismus. In: J. Greve & A. Schnabel (Hg.), *Emergenz: Zur Analyse und Erklärung komplexer Strukturen*. Berlin: Suhrkamp: 286–316.

Günther, H., 1979: *Freiheit, Herrschaft und Geschichte: Semantik der historisch-politischen Welt*. Frankfurt am Main: Suhrkamp.

Guetzkow, J., Lamont, M. & Mallard, G., 2004: What is originality in the humanities and the social sciences? In: *American Sociological Review* 69: 190–212.

Häußling, R., 2008: Zur Verankerung der Netzwerkforschung in einem methodologischen Relationismus. In: C. Stegbauer (Hg.), *Netzwerkanalyse und Netzwerktheorie: Ein neues Paradigma in den Sozialwissenschaften*. Wiesbaden: VS: 65–78.

Häußling, R., 2010: Relationale Soziologie. In: C. Stegbauer & R. Häußling (Hg.), *Handbuch Netzwerkforschung*. Wiesbaden: VS: 63–87.

Halbwachs, M., 1967: *Das kollektive Gedächtnis*. Stuttgart: Enke.

Halbwachs, M., 1985: *Das Gedächtnis und seine sozialen Bedingungen*. Frankfurt am Main: Suhrkamp.

Hamilton, A. F. d. C. & Grafton, S. T., 2006: Goal representation in human anterior intraparietal sulcus. In: *Journal of Neuroscience* 26: 1133–1137.

Harris, L. T. & Fiske, S. T., 2006: Dehumanizing the lowest of the low: neuroimaging responses to extreme out-groups. In: *Psychological Science* 17: 847–853.

Heidelberger, M., 1993: *Die innere Seite der Natur: Gustav Theodor Fechners wissenschaftlich-philosophische Weltauffassung*. Frankfurt am Main: Vittorio Klostermann.

Heintz, B., 2004: Emergenz und Reduktion: Neue Perspektiven auf das Mikro-Makro-Problem. In: *Kölner Zeitschrift für Soziologie und Sozialpsychologie* 56: 1–31.

Heisenberg, W., 1927: Über den anschaulichen Inhalt der quantentheoretischen Kinematik und Mechanik. In: *Zeitschrift für Physik* 43: 172–198.

Helmholtz, H. v., 1847: *Ueber die Erhaltung der Kraft, eine physikalische Abhandlung, vorgetragen in der Sitzung der physikalischen Gesellschaft zu Berlin am 23. Juni 1847*. Berlin: G. Reimer.

Helmholtz, H. v., 1871 [1854]: Ueber die Wechselwirkung der Naturkräfte und die darauf bezüglichen neuesten Ermittelungen der Physik. Vortrag gehalten zu Königsberg 1854. In: H. v. Helmholtz, *Populäre wissenschaftliche Vorträge*. Zweites Heft. Braunschweig: Vieweg: 99–136.

Hempel, C. G., 1975 [1959]: Die Logik funktionaler Analyse. In: B. Giesen & M. Schmid (Hg.), *Theorie, Handeln und Geschichte: Erklärungsprobleme in den Sozialwissenschaften*. Hamburg: Hoffman und Campe: 134–168.

Herder, J. G., 1978 [1772]: *Abhandlung über den Ursprung der Sprache*. München: Hanser.

Herder, J. G., 1994 [1774–1787]: Auch eine Philosophie der Geschichte zur Bildung der Menschheit. In: J. G. Herder, *Schriften zur Philosophie, Literatur, Kunst und Altertum. Werke*. Bd. 4. Frankfurt am Main: Deutscher Klassiker Verlag: 9–107.

Hesse, M., 1980: The explanatory function of metaphor. In: M. Hesse, *Revolutions and Reconstructions in the Philosophy of Science*. Brighton: Harvester Press: 111–124.

Hobsbawm, E., 1983: Introduction: inventing traditions. In: E. Hobsbawm & Terence Ranger (Hg.), *The Invention of Tradition*. Cambridge: Cambridge University Press: 1–14.

Hobsbawm, E., 1999: *Das Zeitalter der Extreme: Weltgeschichte des 20. Jahrhunderts*. München: dtv.

Hollstein, B., 2008: Strukturen, Akteure, Wechselwirkungen: Georg Simmels Beiträge zur Netzwerkforschung. In: C. Stegbauer (Hg.), *Netzwerkanalyse und Netzwerktheorie: Ein neues Paradigma in den Sozialwissenschaften*. Wiesbaden: VS: 91–104.

Homans, G. C., 1961: *Social Behavior: Its Elementary Forms*. New York: Harcourt, Brace & World.

Homans, G. C., 1964: Bringing men back in. In: *American Sociological Review* 29: 809–818.

Horn, C. & Löhrer, G. (Hg.), 2010: *Gründe und Zwecke: Texte zur aktuellen Handlungstheorie*. Berlin: Suhrkamp.

Houellebecq, M., 2006 [1998]: *Elementarteilchen*. Reinbek: Rowohlt.

Hoyningen-Huene, P., 2004: supervenient/Supervenienz. In: J. Mittelstraß (Hg.), *Enzyklopädie Philosophie und Wissenschaftstheorie*. Bd. 4. Stuttgart: J. B. Metzler: 144–145.

Hoyningen-Huene, P., 2007: Reduktion und Emergenz. In: A. Bartels & M. Stöckler (Hg.), *Wissenschaftstheorie: Ein Studienbuch*. Paderborn: Mentis: 177–197 u. 346–347.

Hoyningen-Huene, P., 2011: Emergenz: Postulate und Kandidaten. In: J. Greve & A. Schnabel (Hg.), *Emergenz: Zur Analyse und Erklärung komplexer Strukturen*. Berlin: Suhrkamp: 37–58.

Hüttemann, A., 2007a: Causation, laws and dispositions. In: M. Kistler & B. Gnassounou (Hg.), *Dispositions and Causal Powers*. Aldershot: Ashgate: 207–219.

Hüttemann, A., 2007b: Naturgesetze. In: A. Bartels & M. Stöckler (Hg.), *Wissenschaftstheorie: Ein Studienbuch*. Paderborn: Mentis: 135–153 u. 342–343.

Iacoboni, M., 2011: *Woher wir wissen, was andere denken und fühlen: Das Geheimnis der Spiegelneuronen*. München: Goldmann.

Iacoboni, M., Molnar-Szakacs, I., Gallese, V., Buccino, G, Mazziotta, J. C. & Rizzolatti, G., 2005: Grasping the intentions of others with one's own mirror neuron system. In: *PLoS Biology* 3: 529–535.

Iberall, A. S., 1985: Outlining social physics for modern societies – locating culture, economics, and politics: the enlightenment reconsidered. In: *Proceedings of the National Academy of Sciences of the United States of America* 82: 5582–5584.

Ikeda, M., 2007: Atom und Wechselwirkung als regulative Weltprinzipien: Zu den Zentralbegriffen des jungen Simmel. In: *Simmel Studies* 17: 77–104.

JCS [Anonymus], 2001: Introduction: the fragmentation of sociology. In: *Journal of Classical Sociology* 1: 5–12.

Jellinek, G., 1960 [1900]: *Allgemeine Staatslehre*. Darmstadt: WBG.

Joerges, B., 1977: Wissenschaftliche Kreativität: Empirische und wissenschaftspraktische Hinweise. In: *Journal for General Philosophy of Science* 8: 383–404.

Kaesler, D., 2003: Was sind und zu welchem Ende studiert man die Klassiker der Soziologie? In: D. Kaesler (Hg.), *Klassiker der Soziologie*. Bd. 1: *Von Auguste Comte bis Norbert Elias*. München: C. H. Beck: 11–38.

Kaube, J., 2010: Kein Werturteilsstreit beim Soziologentag. In: *Frankfurter Allgemeine Zeitung* vom 22. Oktober 2010, Nr. 246: N 3.

Kauzlarich, D. (Hg.), 2005: *Sociological Classics*. Upper Saddle River: Pearson Prentice Hall.

Keysers, C., Kohler, E., Umiltà, M. A., Nanetti, L., Fogassi, L. & Gallese, V., 2003: Audiovisual mirror neurons and action recognition. In: *Experimental Brain Research* 153: 628–636.

Kim, J., 1998: *Philosophie des Geistes*. Wien: Springer.

Kim, J., 2005: *Physicalism, or Something Near Enough*. Princeton: Princeton University Press.

Kim, J., 2006: Being realistic about emergence. In: P. Clayton & P. C. W. Davies (Hg.), *The Re-Emergence of Emergence: The Emergentist Hypothesis from Science to Religion*. Oxford: Oxford University Press: 189–202.

Knoblich, G. & Jordan, J. S., 2002: The mirror system and joint action. In: M. I. Stamenow & V. Gallese (Hg.), *Mirror Neurons and the Evolution of Brain and Language (Advances in Conscious Research* 42). Amsterdam: John Benjamins: 115–124.

Knoblich, G. & Jordan, J. S., 2003: Action coordination in groups and individuals: learning anticipatory control. In: *Journal of Experimental Psychology: Learning, Memory, and Cognition* 29: 1006–1016.

Köhnke, K. C., 1996: *Der junge Simmel – in Theoriebeziehungen und sozialen Bewegungen*. Frankfurt am Main: Suhrkamp.

Kokal, I., Gazzola, V. & Keysers, C., 2009: Acting together in and beyond the mirror neuron system. In: *NeuroImage* 47: 2046–2056.

Kondylis, P., 1986: *Die Aufklärung im Rahmen des neuzeitlichen Rationalismus.* München: dtv/Klett-Cotta.

Kondylis, P., 1991: *Der Niedergang der bürgerlichen Denk- und Lebensform: Die liberale Moderne und die massendemokratische Postmoderne.* Weinheim: VCH.

Kondylis, P., 1999: *Das Politische und der Mensch. Grundzüge der Sozialontologie.* Bd. 1: *Soziale Beziehung, Verstehen, Rationalität.* Berlin: Akademie Verlag.

Krais, B. & Gebauer, G., 2002: *Habitus.* Bielefeld: Transcript.

Kühn, S. & Brass, M., 2009: When doing nothing „is" an option: the neural correlates of deciding whether to act or not. In: *NeuroImage* 46: 1187–1193.

Kuhn, T. S., 1976 [1962, 1970]: *Die Struktur wissenschaftlicher Revolutionen.* Frankfurt am Main: Suhrkamp.

Lakoff, G. & Johnson, M., 1999: *Philosophy in the Flesh: The Embodied Mind and its Challenge to Western Thought.* New York: Basic Books.

Lakoff, G. & Johnson, M., 2004 [1980]: *Leben in Metaphern: Konstruktion und Gebrauch von Sprachbildern.* Heidelberg: Carl-Auer.

Langton, C. G., 1989: Artificial life. In: C. G. Langton (Hg.), *Artificial Life. The Proceedings of an Interdisciplinary Workshop on the Synthesis and Simulation of Living Systems held September, 1987 in Los Alamos, New Mexico.* Redwood City: Addison-Wesley: 1–47.

Langton, R. & Lewis, D., 1998: Defining "intrinsic". In: *Philosophy and Phenomenological Research* 58: 333–345.

Lashley, K. S., 1930: Basic neural mechanisms in behavior. In: *Psychological Review* 37: 1–24.

Lauth, B. & Sareiter, J., 2005: *Wissenschaftliche Erkenntnis: Eine ideengeschichtliche Einführung in die Wissenschaftstheorie.* Paderborn: Mentis.

Leibniz, G. W., 1962: *Grundwahrheiten der Philosophie: Monadologie.* Frankfurt am Main: Europäische Verlagsanstalt.

Lepsius, M. R., 1982: Nation und Nationalismus in Deutschland. In: H. A. Winkler (Hg.), *Nationalismus in der Welt von heute.* Göttingen: Vandenhoeck & Ruprecht: 12–27.

Levine, D. N., 1995: *Visions of the Sociological Tradition.* Chicago: University of Chicago Press.

Lewens, T., 2007: Functions. In: M. Matthen & C. Stephens (Hg.), *Handbook of the Philosophy of Science: Philosophy of Biology.* Amsterdam: Elsevier: 525–547.

Lewin, K., 1963: *Feldtheorie in den Sozialwissenschaften: Ausgewählte theoretische Schriften.* Bern: Hans Huber.

Lewis, D. K., 1966: An argument for the identity theory. In: *Journal of Philosophy* 63: 17–25.

Lewis, D., 1970: How to define theoretical terms. In: *Journal of Philosophy* 67: 427–446.

Lewis, D., 1972: Psychophysical and theoretical identifications. In: *Australasian Journal of Philosophy* 50: 249–258.

Liepelt, R., Cramon, D. Y. v. & Brass, M., 2008: How do we infer others' goals from nonstereotypic actions?: The outcome of context-sensitive inferential processing in right inferior parietal and posterior temporal cortex. In: *NeuroImage* 43: 784–792.

List, C. & Pettit, P., 2008: Group agency and supervenience. In: J. Hohwy & J. Kallestrup (Hg.), *Being Reduced: New Essays on Reduction, Explanation, and Causation*. Edinburgh: University of Edinburgh Press: 75–92.

List, C. & Pettit, P., 2011: *Group Agency: The Possibility, Design, and Status of Corporate Agents*. Oxford: Oxford University Press.

Little, D., 1998: *Microfoundation, Method, and Causation*. New Brunswick: Transaction.

Lopreano, J. & Crippen, T., 1999: *Crisis in Sociology: The Need for Darwin*. New York: Transaction Books.

Luhmann, N., 1962: Funktion und Kausalität. In: *Kölner Zeitschrift für Soziologie und Sozialpsychologie* 14: 617–644.

Luhmann, N., 1978: Soziologie der Moral. In: N. Luhmann & S. H. Pfürtner (Hg.), *Theorietechnik und Moral*. Frankfurt am Main: Suhrkamp: 8–116.

Luhmann, N., 1984: *Soziale Systeme: Grundriß einer allgemeinen Theorie*. Frankfurt am Main: Suhrkamp.

Luhmann, N., 1992 [1990]: *Die Wissenschaft der Gesellschaft*. Frankfurt am Main: Suhrkamp.

Luhmann, N., 1998: *Die Gesellschaft der Gesellschaft*. 2 Bde. Frankfurt am Main: Suhrkamp.

Luhmann, N., 2005 [1981]: Handlungstheorie und Systemtheorie. In: N. Luhmann, *Soziologische Aufklärung*. Bd. 3: *Soziales System, Gesellschaft, Organisation*. Wiesbaden: VS: 58–76.

Malinowski, B., 1975: *Eine wissenschaftliche Theorie der Kultur und andere Aufsätze*. Frankfurt am Main: Suhrkamp.

Mathur, V. A., Harada, T, Lipke, T & Chiao J. Y., 2010: Neural basis of extraordinary empathy and altruistic motivation. In: *NeuroImage* 51: 1468–1475.

McLaughlin, P., 2001: *What Functions Explain: Functional Explanations of Self-reproducing Systems*. Cambridge: Cambridge University Press.

Medin, D. L. & Ortony, A., 1989: Psychological essentialism. In: S. Vosniadou & A. Ortony (Hg.), *Similarity and Analogical Reasoning*. Cambridge: Cambridge University Press: 179–195.

Medin, D. L. & Aguilar, C. M., 1999: Categorization. In: R. A. Wilson & F. C. Keil (Hg.), *The MIT Encyclopedia of the Cognitive Sciences*. Cambridge, Mass.: MIT Press: 104–106.

Merton, R. K., 1973: *The Sociology of Science: Theoretical and Empirical Investigations.* Chicago: University of Chicago Press.

Merton, R. K., 1981 [1967]: Zur Geschichte und Systematik der soziologischen Theorie, in: W. Lepenies (Hg.), *Geschichte der Soziologie: Studien zur kognitiven, sozialen und historischen Identität einer Disziplin.* Bd. 1. Frankfurt am Main: Suhrkamp: 15–74.

Merton, R. K., 1995 [1949, 1957, 1968]: *Soziologische Theorie und soziale Struktur.* Berlin: de Gruyter.

Merton, R. K. & Barber, E., 2004: *The Travels and Adventures of Serendipity: A Study in Sociological Semantics and the Sociology of Science.* Princeton: Princeton University Press.

Merz-Benz, P.-U. & Wagner, G. (Hg.), 2000: *Die Logik der Systeme: Zur Kritik der systemtheoretischen Soziologie Niklas Luhmanns.* Konstanz: UVK.

Mickiewicz, A., 1994 [1832]: Die Bücher des polnischen Volkes: von der Erschaffung der Welt bis zum Leidenstod der polnischen Nation. In: A. Mickiewicz, *Dichtung und Prosa: Ein Lesebuch.* Frankfurt am Main: Suhrkamp: 304–316.

Miller, S., 2001: *Social Action: A Teleological Account.* Cambridge: Cambridge University Press.

Miller, S., 2003: Against collective agency. In: G. Meggle (Hg.), *Social Facts & Collective Intentionality.* Frankfurt am Main: Hänsel-Hohenhausen: 273–298.

Miller, S., 2009: Gemeinsames Handeln. In: H. B. Schmid & D. P. Schweikard (Hg.), *Kollektive Intentionalität: Eine Debatte über die Grundlagen des Sozialen.* Frankfurt am Main: Suhrkamp: 194–223.

Millikan, R. G., 1984: *Language, Thought, and Other Biological Categories. New Foundations for Realism.* Cambridge, Mass.: MIT Press.

Millikan, R. G., 2004: *The Varieties of Meaning: The 2002 Jean Nicod Lectures.* Cambridge, Mass.: MIT Press.

Mills, C. W., 1960: *Images of Man: The Classic Tradition in Sociological Thinking.* New York: Braziller.

Mische, A., 2011: Relational sociology, culture, and agency. In: J. Scott & P. J. Carrington (Hg.), *The SAGE Handbook of Social Network Analysis.* Los Angeles: Sage: 80–98.

Mitchell, J. P., Ames, D. L., Jenkins, A. C. & Banaji, M. R., 2008: Neural correlates of stereotype application. In: *Journal of Cognitive Neuroscience* 21: 594–604.

Mittag, H.-J., 2011, *Statistik: Eine interaktive Einführung.* Heidelberg: Springer.

Mittelstraß, J. (Hg.), 2004: *Enzyklopädie: Philosophie und Wissenschaftstheorie.* 4 Bde. Stuttgart: J. B. Metzler.

Mol, A., 2002: *The Body Multiple: Ontology in Medical Practice.* Durham: Duke University Press.

Mukamel, R., Ekstrom, A. D., Kaplan, J., Iacoboni, M. & Fried, I., 2010: Single-neuron responses in humans during execution and observation of actions. In: *Current Biology* 20: 750–756.

Mumford, S., 2004: *Laws in Nature*. London: Routledge.

Mumford, S. & Anjum, R. L., 2011: *Getting Causes from Powers*. Oxford: Oxford University Press.

Münch, R., 2002: *Soziologische Theorie*. Bd. 1: *Grundlegung durch die Klassiker*. Frankfurt am Main: Campus.

Mützel, S. & Fuhse J. A., 2010: Einleitung: Zur relationalen Soziologie. Grundgedanken, Entwicklungslinien und transatlantische Brückenschläge. In: J. A. Fuhse & S. Mützel (Hg.), *Relationale Soziologie: Zur kulturellen Wende der Netzwerkforschung*. Wiesbaden: VS: 7–35.

Nagel, E., 1961: *The Structure of Science: Problems in the Logic of Scientific Explanation*. London: Routledge.

Newman-Norlund, R. D., Noordzij, M. L., Meulenbroek, R. G. J. & Bekkering, H., 2007: Exploring the brain basis of joint action: co-ordination of actions, goals and intentions. In: *Social Neuroscience* 2: 48–65.

Nollmann, G., 2006: Das neuronale Korrelat und Max Webers Konzept der soziologischen Kausalerklärung: Warum die Neurowissenschaft keine Konkurrentin der Soziologie ist. In: J. Reichertz & N. Zaboura (Hg.), *Akteur Gehirn – oder das vermeintliche Ende des handelnden Subjekts: Eine Kontroverse*. Wiesbaden: VS: 61–77.

Nowotny, H., 1999: *Es ist so. Es könnte auch anders sein: Über das veränderte Verhältnis von Wissenschaft und Gesellschaft*. Frankfurt am Main: Suhrkamp.

Nowotny, H., Scott, P. & Gibbons, M., 2004: *Wissenschaft neu denken: Wissen und Öffentlichkeit in einem Zeitalter der Ungewißheit*. Weilerswist: Velbrück.

Oppenheim, P. & Putnam, H., 1970: Einheit der Wissenschaft als Arbeitshypothese. In: L. Krüger (Hg.), *Erkenntnisprobleme der Naturwissenschaften: Texte zur Einführung in die Philosophie der Wissenschaft*. Köln: Kiepenheuer & Witsch: 339–371.

Overwalle, F. v., 2009: Social cognition and the brain: a meta-analysis. In: *Human Brain Mapping* 30: 829–858.

Overwalle, F. v. & Baetens, K., 2009: Understanding other's actions and goals by mirror and mentalizing systems: a meta-analysis. In: *NeuroImage* 48: 564–584.

Papineau, D., 1993: *Philosophical Naturalism*. Oxford: Blackwell.

Papineau, D., 2002. The history of the completeness of physics. In: D. Papineau, *Thinking about Consciousness*. Oxford: Oxford University Press: 232–256.

Parsons, T., 1937: *The Structure of Social Action*. New York: McGraw-Hill.

Parsons, T., 1976: *Zur Theorie sozialer Systeme*. Opladen: Westdeutscher Verlag.

Pellegrino, G. di, Fadiga, L., Fogassi, L., Gallese, V. & Rizzolatti, G., 1992: Unterstanding motor events: a neurophysiological study. In: *Experimental Brain Research* 91: 176–180.

Penrose, R., 2004: *The Road to Reality: A Complete Guide to the Laws of the Universe.* London: Jonathan Cape.

Pettit, P., 2009: Gruppen mit einem eigenen Geist. In: H. B. Schmid & D. P. Schweikard (Hg.), *Kollektive Intentionalität: Eine Debatte über die Grundlagen des Sozialen.* Frankfurt am Main: Suhrkamp: 586–625.

Popper, K. R., 1959: The propensity interpretation of probability. In: *British Journal for the Philosophy of Science* 10: 25–42.

Popper, K. R., 1995: *Eine Welt der Propensitäten.* Tübingen: J. C. B. Mohr (Paul Siebeck).

Porter, T. M., 1981: A statistical survey of gases: Maxwell's social physics. In: *Historical Studies in the Physical Sciences* 12: 77–116.

Porter, T. M., 1986: *The Rise of Statistical Thinking, 1820–1900.* Princeton: Princeton University Press.

Poser, H., 2001: *Wissenschaftstheorie: Eine philosophische Einführung.* Stuttgart: Reclam.

Putnam, H., 1960: Minds and machines. In: S. Hook (Hg.), *Dimensions of Mind.* New York: New York University Press: 148–179.

Putnam, H., 1965: Brains and behavior. In: R. J. Butler (Hg.), *Analytical Philosophy.* Oxford: Blackwell: 1–19.

Putnam, H., 1967: Psychological predicates. In: W. H. Capitan & D. D. Merrill (Hg.), *Art, Mind, and Religion.* Pittsburgh: University of Pittsburgh Press: 37–48.

Quadflieg, S., Turk, D. J., Waiter, G. D., Mitchell, J. P., Jenkins, A. C. & Macrae, C. N., 2008: Exploring the neural correlates of social stereotyping. In: *Journal of Cognitive Neuroscience* 21: 1560–1570.

Quadflieg, S., Flannigan, N., Waiter, G. D., Rossion, B., Wig, G. S., Turk, D. J. & Macrae, C. N., 2011: Stereotype-based modulation of person perception. In: *NeuroImage* 57: 549–557.

Quetelet, A., 1914 [1835]: *Soziale Physik oder Abhandlung über die Entwicklung der Fähigkeiten der Menschen.* Bd. 1. Jena: Gustav Fischer.

Quinton, A., 1975: Social objects. In: *Proceedings of the Aristotelian Society* 76: 1–27 + viii.

Raiser, T., 2009: *Grundlagen der Rechtssoziologie.* Tübingen: Mohr Siebeck.

Renan, E., 1993: Was ist eine Nation? Vortrag in der Sorbonne am 11. März 1882. In: M. Jeismann & H. Ritter (Hg.), *Grenzfälle: Über neuen und alten Nationalismus.* Leipzig: Reclam: 290–311.

Rentetzi, M., 2005: The metaphorical conception of scientific explanation: rereading Mary Hesse. In: *Journal for General Philosophy of Science* 36: 377–391.

Rilling, J. K., Gutman, D. A., Zeh, T. R., Pagnoni, G., Berns, G. S. & Kilts, C. D., 2002: A neural basis for social cooperation. In: *Neuron* 35: 395–405.

Rilling, J. K., Glenn, A. L., Jairam, M. R., Pagnoni, G., Goldsmith, D. R., Elfenbein, H. A. & Lilienfeld, S. O., 2007: Neural correlates of social cooperation and non-cooperation as a function of psychopathy. In: *Biological Psychiatry* 61: 1260–1271.

Rilling, J. K., Dagenais, J. E., Goldsmith, D. R., Glenn, A. L. & Pagnoni, G., 2008: Social cognitive neural networks during in-group and out-group interactions. In: *NeuroImage* 41: 1447–1461.

Ritzer, G., 2008: *Classical Sociological Theory*. New York: McGraw-Hill.

Rizzolatti, G., Fadiga, L., Gallese, V. & Fogassi, L., 1996: Premotor cortex and the recognition of motor actions. In: *Cognitive Brain Research* 3: 131–141.

Rizzolatti, G. & Arbib, M. A., 1998: Language within our grasp. In: *Trends in Neurosciences* 21: 188–194.

Rizzolatti, G., Fogassi, L. & Gallese, V., 2001: Neurophysiological mechanisms underlying the understanding and imitation of action. In: *Nature Reviews Neuroscience* 2: 661–670.

Rizzolatti, G. & Sinigaglia, C., 2008: *Empathie und Spiegelneurone: Die biologische Basis des Mitgefühls*. Frankfurt am Main: Suhrkamp.

Rosenthal, J., 2004: *Wahrscheinlichkeiten als Tendenzen: Eine Untersuchung objektiver Wahrscheinlichkeitsbegriffe*. Paderborn: Mentis.

Rothbart, M. & Taylor, M., 1992: Category labels and social reality: do we view social categories as natural kinds?. In: G. R. Semin & K. Fiedler (Hg.), *Language, Interaction and Social Cognition*. London: Sage: 11–36.

Sachse, C., 2005: Argumente für eine Typenidentität von Eigenschaften. In: G. Abel (Hg.), *Kreativtät: XX. Deutscher Kongress für Philosophie. Sektionsbeiträge*. Bd. 2. Berlin: Verlag der TU Berlin: 287–297.

Sachse, C., 2007: *Reductionism in the Philosophy of Science*. Frankfurt am Main: Ontos.

Saussure, F. de, 1967: *Grundfragen der allgemeinen Sprachwissenschaft*. Berlin: de Gruyter.

Savage, M. & Burrows, R., 2007: The coming crisis of empirical sociology. In: *Sociology* 41: 885–899.

Scheibe, E., 1997: *Die Reduktion physikalischer Theorien: Ein Beitrag zur Einheit der Physik. Bd. 1: Grundlagen und elementare Theorie*. Berlin: Springer.

Scheibe, E., 2007: *Die Philosophie der Physiker*. München: C. H. Beck.

Schelling, T. C., 2006 [1978]: *Micromotives and Macrobehavior*. New York: W. W. Norton.

Schluchter, W., 2006: *Grundlegungen der Soziologie: Eine Theoriegeschichte in systematischer Absicht*. Bd. 1. Tübingen: Mohr Siebeck.

Schluchter, W., 2009: Die soziologischen Grundbegriffe: Max Webers Grundlegung einer verstehenden Soziologie. In: W. Schluchter, *Die Entzauberung der Welt: Sechs Studien zu Max Weber*. Tübingen: Mohr Siebeck: 111–142.

Schmid, H. B. & Schweikard, D. P., 2009: Einleitung: Kollektive Intentionalität. Begriff, Geschichte, Probleme. In: H. B. Schmid & D. P. Schweikard (Hg.), *Kollektive Intentionalität: Eine Debatte über die Grundlagen des Sozialen.* Frankfurt am Main: Suhrkamp: 11–65.

Schmid, M., 2006: *Die Logik mechanismischer Erklärungen.* Wiesbaden: VS.

Schmid, M., 2009: Theoriebildung und Theoriepolitik in der Soziologie: Ein Kommentar zu Norman Braun: „Theorie in der Soziologie". In: *Soziale Welt* 60: 199–213.

Schmitt, C., 1950: *Der Nomos der Erde im Völkerrecht des Jus Publicum Europaeum.* Köln: Greven.

Schrecker, C. (Hg.), 2010: *Transatlantic Voyages and Sociology: The Migration and Development of Ideas.* Farnham: Ashgate.

Schützeichel, R., 2008: Methodologischer Individualismus, sozialer Holismus und holistischer Individualismus. In: J. Greve, A. Schnabel & R. Schützeichel (Hg.), *Das Mikro-Makro-Modell der soziologischen Erklärung: Zur Ontologie, Methodologie und Metatheorie eines Forschungsprogramms.* Wiesbaden: VS: 357–371.

Schulze, H., 1999: *Staat und Nation in der europäischen Geschichte.* München: C. H. Beck.

Schurz, G., 2008: *Einführung in die Wissenschaftstheorie.* Darmstadt: WBG.

Scott, J., 2011: Social Physics and social networks. In: J. Scott & P. J. Carrington (Hg.), *The SAGE Handbook of Social Network Analysis.* Los Angeles: Sage: 55–66.

Scott, J. & Carrington P. J. (Hg.), 2011: *The SAGE Handbook of Social Network Analysis.* Los Angeles: Sage.

Sebanz, N., Bekkering, H. & Knoblich, G., 2006: Joint action: bodies and minds moving together. In: *Trends in Cognitive Science* 10: 70–76.

Sellars, W., 1962: Philosophy and the scientific image of man. In: R. Colodny (Hg.), *Frontiers of Science and Philosophy.* Pittsburgh: University of Pittsburgh Press: 35–78.

Settis, S., 2004: *Die Zukunft des „Klassischen": Eine Idee im Wandel der Zeiten.* Berlin: Wagenbach.

Shepherd, S. V., Klein, J. T., Deaner, R. O. & Platt, M. L., 2009: Mirroring of attention by neurons in macaque parietal cortex. In: *Proceedings of the National Academy of Sciences of the United States of America* 106: 9489–9494.

Shoemaker, S., 2003: Causality and properties. In: S. Shoemaker, *Identity, Cause, and Mind: Philosophical Essays.* Oxford: Clarendon Press: 206–233.

Simmel, G., 1881: *Das Wesen der Materie nach Kant's Physischer Monadologie.* Berlin: Norddeutsche Buchdruckerei.

Simmel, G., 1989 [1890]: Über sociale Differenzierung: Sociologische und psychologische Untersuchungen. In: G. Simmel, *Aufsätze 1887–1890. Über sociale Differenzierung. Die Probleme der Geschichtsphilosophie (1892).* Gesamtausgabe. Bd. 2. Frankfurt am Main: Suhrkamp: 109–295.

Simmel, Georg, 1992 [1908]: *Soziologie: Untersuchungen über die Formen der Vergesell-schaftung. Gesamtausgabe*. Bd. 11. Frankfurt am Main: Suhrkamp.

Simpson, G. G., 1950: *The Meaning of Evolution*. New York: Yale University Press.

Simpson, G. G., Pittendrigh, C. S. & Tiffany, L. H., 1957: *Life: An Introduction to Biology*. New York: Hartcourt, Brace & Company.

Slaughter, S. & Leslie, L. L., 1997: *Academic Capitalism: Politics, Policies, and the Entre-preuneurial University*. Baltimore: Johns Hopkins University Press.

Soom, P., Sachse, C. & Esfeld, M., 2010: Psycho-neural reduction through functional sub-types. In: *Journal of Consciousness Studies* 17: 7–26.

Sparenberg, T., 2010: Georg Simmels soziale Physik und die moderne Literatur. In: *Zeitschrift für Germanistik* N. F. 20: 522–542.

Spitzer, L., 1942/43: Milieu and ambiance: an essay in historical semantics. In: *Philosophy and Phenomenological Research* 3: 1–42 u. 169–218.

Spencer, H., 1966 [1876–1896]: *The Principles of Sociology*. 3 Bde. Osnabrück: Zeller.

Stegbauer, C. (Hg.), 2008: *Netzwerkanalyse und Netzwerktheorie: Ein neues Paradigma in den Sozialwissenschaften*. Wiesbaden: VS.

Stegbauer, C. & Häußling, R. (Hg.), 2010: *Handbuch Netzwerkforschung*. Wiesbaden: VS.

Stegmaier, W., 2007: *Philosophie der Orientierung*. Berlin: de Gruyter.

Stegmüller, W., 1969: *Probleme und Resultate der Wissenschaftstheorie und Analytischen Philosophie*. Bd. 1: *Wissenschaftliche Erklärung und Begründung*. Berlin: Springer.

Stegmüller, W., 1979: *Hauptströmungen der Gegenwartsphilosophie: Eine kritische Einfüh-rung*. Bd. 2. Stuttgart: Alfred Kröner.

Steinmetz, G., 2006: Decolonizing German theory. In: *Postcolonial Studies* 9: 3–13.

Steinmetz, G., 2007: American sociology before and after World War II: the (temporary) settling of a disciplinary field. In: C. Calhoun (Hg.), *Sociology in America: A History*. Chi-cago: University of Chicago Press: 314–366.

Steinmetz, G., 2009: Neo-Bourdieusian theory and the question of scientific autonomy: Ger-man sociologists and empire, 1890–1940. In: *Political Power and Social Theory* 20: 71–131.

Steinmetz, G. (Hg.), 2011: *Sociology and Empire*. Durham: Duke University Press.

Suárez, M., 2007: Quantum propensities. In: *Studies in History and Philosophy of Modern Physics* 38: 418–438.

Taine, H., 1899: *Histoire de la littérature anglaise*. Bd. 1. Paris: Hachette.

Thompson, R. F., 2010: *Das Gehirn: Von der Nervenzelle zur Verhaltenssteuerung*. Heidel-berg: Spektrum.

Thompson, R. K. R. & Oden, D. L., 2000: Categorical perception and conceptual judgments by nonhuman primates: the paleological monkey and the analogical ape. In: *Cognitive Science* 24: 363–396.

Turner, B. S., 1999: *Classical Sociology*. London: Sage.

Udéhn, L., 2001: *Methodological Individualism: Background, History, and Meaning*. London: Routledge.

Urry, J., 2004: Small worlds and the new "social physics". In: *Global Networks* 4: 109–130.

Wagner, G., 1995: Soziologie: Eine Bemerkung zur Einheit des Faches. In: *Leviathan* 23: 547–561.

Wagner, G., 1999: *Herausforderung Vielfalt: Plädoyer für eine kosmopolitische Soziologie*. Konstanz: UVK.

Wagner, G., 2000: Der Kampf der Kontexturen im Superorganismus Gesellschaft. In: P.-U. Merz-Benz & G. Wagner (Hg.), *Die Logik der Systeme: Zur Kritik der systemtheoretischen Soziologie Niklas Luhmanns*. Konstanz: UVK: 199–223.

Wagner, G., 2007: *Eine Geschichte der Soziologie*. Konstanz: UVK.

Wagner, G., 2008: *Paulette am Strand: Roman zur Einführung in die Soziololgie*. Weilerswist: Velbrück.

Wagner, G., 2010: Kraft Gesetz: Überlegungen zur Kausalität von Rechtsnormen. In: G. Wagner (Hg.), *Kraft Gesetz: Beiträge zur rechtssoziologischen Effektivitätsforschung*. Wiesbaden: VS: 145–159.

Wagner, G., 2012a: The imitation of science: on the problem of the classics in sociology. In: H.-G. Soeffner (Hg.), *Transnationale Vergesellschaftungen: Verhandlungen des 35. Kongresses der Deutschen Gesellschaft für Soziologie*. Wiesbaden: VS [im Erscheinen].

Wagner, G., 2012b: Function and causality. In: *Revue internationale de philosophie* 259 [im Erscheinen].

Wallerstein, I., Juma, C., Keller, E. F., Kocka, J., Lecourt, D., Mudimbe, V. Y., Mushakoji, K., Prigogine, I., Taylor, P. J. & Trouillot, M., 1996: *Die Sozialwissenschaften öffnen: Ein Bericht der Gulbenkian-Kommission zur Neustrukturierung der Sozialwissenschaften*. Frankfurt am Main: Campus.

Watts, D. J., 1999: *Small Worlds*. Princeton: Princeton University Press.

Watts, D. J., 2003: *Six Degrees: The Science of a Connected Age*. London: Heinemann.

Watts, D. J., 2004: The "new" science of networks. In: *Annual Review of Sociology* 30: 243–270.

Weber, M(arcel), 2005: *Philosophy of Experimental Biology*. Cambridge: Cambridge University Press.

Weber, M(ax), 1980: *Wirtschaft und Gesellschaft: Grundriss der verstehenden Soziologie*. Tübingen: J. C. B. Mohr (Paul Siebeck).

Weber, M(ax), 1982: *Gesammelte Aufsätze zur Wissenschaftslehre*. Tübingen: J. C. B. Mohr (Paul Siebeck).

Weber, M(ax), 1991: Georg Simmel als Soziologe und Theoretiker der Geldwirtschaft. In: *Simmel Newsletter* 1: 9–13.

Weingart, Peter, 2005: *Die Stunde der Wahrheit? Zum Verhältnis der Wissenschaft zu Politik, Wirtschaft und Medien in der Wissensgesellschaft*. Weilerswist: Velbrück.

Weiß, J., 1989: Die Normalität als Krise. In: *Soziale Welt* 40: 124–132.

Westland, J. C., 2010: Critical mass and willingness to pay for social networks. In: *Electronic Commerce Research and Applications* 9: 6–19.

Wheeler, M. E. & Fiske, S. T., 2005: Controlling racial prejudice: social-cognitive goals affect amygdala and stereotype activation. In: *Psychological Science* 16: 56–63.

White, H. C., 1992: *Identity and Control: A Structural Theory of Social Action*. Princeton: Princeton University Press 1992.

Willems, H., 2010: Figurationssoziologie und Netzwerkansätze. In: R. Häußling & C. Stegbauer (Hg.), *Handbuch Netzwerkforschung*. Wiesbaden: VS: 255–268.

Wolpert, D. M., Doya, K. & Kawato, M., 2003: A unifying computational framework for motor control and social interaction. In: *Philosophical Transactions of the Royal Society of London Series B Biological Sciences* 358: 593–602.

Yzerbyt, V., Roscher, S. & Schadron, G., 1997: Stereotypes as Explanations: A Subjective Essentialistic View of Group Perception. In: R. Spears, P. J. Oakes, N. Ellemers & S. A. Haslam (Hg.), *The Psychology of Stereotyping and Group Life*. London: Blackwell: 20–50.

Yzerbyt, V., Corneille, O. & Estrada, C., 2001: The interplay of subjective essentialism and entitativity in the formation of stereotypes. In: *Personality and Social Psychology Review* 5: 141–155.

Zaboura, N., 2009: *Das emphatische Gehirn: Spiegelneurone als Grundlage menschlicher Kommunikation*. Wiesbaden: VS Research.

Zimmerman, Andrew, 2006: Decolonizing Weber. In: *Postcolonial Studies* 9: 53–79.

Zimmerman, Andrew, 2011: German sociology and empire: from internal colonization to overseas colonization and back again. In: George Steinmetz (Hg.), *Sociology and Empire*. Durham: Duke University Press.

Personenregister

Sachregister